越境ブックレットシリーズ 3

他人事≒《ニアリーイコール》自分事

教育と社会の根本課題を読み解く

菊地栄治
Kikuchi Eiji

東信堂

刊行によせて——越境ブックレットシリーズの考え方

グローバル化と知識社会の変容の中で「知識とはなにか」「だれにとっての知識か」が世界的に問い直されている。このブックレットシリーズでは、グローバルな視点から知識とその伝達過程を問うことを目指している。我々は、知識を、学校教育で教えられるような教科書的なものとしてではなく、より広い社会生活の中で、人々が物事を判断し、行動していくために選び取られ、意味づけされていくものとして捉えている。したがって、本シリーズで取り上げる「知識」は、単なる情報とは異なり、それぞれの人々の価値判断によって選択され、再構成されたもの、とみなしている。

こうした理解に立つと、中立的で普遍的な知識というものは存在せず、必ずそれを構成した人（人々）の価値判断と目的があり、その「誰が」「何のために」知識を組み合わせて提示しているのか、という問題は、きわめて重要であることが分かる。同時に、情報を選び取って自分なりに意味を持つ知識の体系にしていくことは、我々が何かを考え、意見や意思を形成するための最も本質的な営みだと言える。このような視点から知識や学習というものを捉え直すことで、本シリーズでは、現代社会のさまざまな課題の本質を照らし出そうとしている。

「越境」という言葉に込められているのは、一つには学問の垣根を越えること、もう一つは国の枠を超えて、自由、公正、人権、平和といった、人間にとっての普遍的価値や理念を再構築する、グローバルな知のアリーナを提示することである。

執筆陣の多くは研究者であるが、知識が形成される場や状況、そしてそれが人々の生活や社会の中で活用されるかたちも多様であることから、教育学、社会学、人類学、女性学など様々な学問分野を背景にしつつもそれらの枠を超え、世界の様々な事例を用いて議論を展開する。グローバル社会では、知識も必ずしも土地に縛られず、インターネットなどのバーチャルな空間で行われる知識形成や国境を超えた人や知識の移動が一般的になってきている。そこで、このシリーズでも、こうした流動性や価値の多様化を考慮し、キャリアパスの多様性、伝統知と学校知、女性、災害、紛争、環境と消費、メディア、移民、ディスタンスラーニング、子どもの貧困、市民性など、従来は知識の問題として議論されてこなかったテーマも含めて取り上げていきたい。

本来、社会科学とは、社会で起きている現象を理解するために発生した諸学問であったはずだが、現代では、学問分野が専門化、細分化し、現実社会で起きる出来事を諸学の中で包括的に捉えることができないという逆説的状況も生まれている。そこで、本シリーズでは、各専門分野での研究の精緻さはいったん横に措き、社会で何が起きているのか、そして、そうした出来事をもたらした人々は、どのような価値観に基づいて行動したのか、そこで生成され、共有された知識とは何だったのかを論じる。それによって、本当の意味で知識を獲得すること、そしてそれを学問として行うことの意味を読者とともに考えていきたい。新たな知識論の冒険へ、ともに歩もう。

シリーズ編者　山田肖子
天童睦子

はじめに──「他人事≒自分事」のはじまり

『この世界の片隅に』からのメッセージ

私は映画通ではない。率直に言って、何度も同じ映画を観る人の気持ちがわからなかった。そんな無精者の私が「まやかしの暮らしのある場所」（『パパラギ』九六頁）に六回も通うことになった映画がある。『この世界の片隅に』（こうの史代原作、片渕須直監督：二〇一六年）である。

原爆と戦争を描いた珍しいアニメと聞いて、「一度観ておこうか」と思いつき、封切り間もないころに新宿の映画館に足を運んだ。まだ、全国で六三館でしか上映されていなかったときのことである。一二九分のアニメを観終わったとき、言葉にならないような不思議な感覚に包まれた。コトリンゴさんの昭和っぽいけれど普遍的な感情をくすぐるカバー曲（『悲しくてやりきれない』）たちとともに、主人公の浦野（北條）すずを演じた女優「のんさん」をはじめすてきな声優陣の言葉が心地よく、そして切なく耳元でリフレインしていた。「沁みる」というのはこういうことなのかもしれないと思った。

何がすばらしいかをうまく言葉にできないままに、気がつけば友人知人に勧めてまわっていた。しかし、それだけではほどけた気持ちが収まらず、ゼミの学生や卒業生を中心に参加者を募り、つごう五回にわたって計一五名のみなさんと映画館に出かけた。ほんとうに迷惑な大学教員である。一人で観て「いい映画だったなぁ」ではもったいない、なんとなくそう思った。かれらの反応に触れたり、鑑賞後にたわいもない話をしながら映画について語り交わしたりすることも愉しみではあったが、自分の中で映画が消費されるのではなく、その都度はぐくまれていく感覚が心地よかった。良書を読み返すたびに深まっていくような感じといえばよいだろうか。

この映画は、片渕監督がこうの史代さんの作品と出遇うことから始まる。六年を超える制作期間を経て、大勢の関係者の深い愛情と途方もないエネルギーを結集してようやく形になった力作である。原作もそうであるが、じつに丁寧な取材と現実描写が作品に生命を吹き込んでいる。制作者の思いと粘り強い努力は、確実に人々の精神の古層に響いていった。当初、観客動員を見込めそうもない地味な「戦争アニメ」に配給会社は興味を示さなかったという。しかし、ネット社会のつながりがピンチをチャンスに変えることになる。「戦争」を直接に語り継ぐことが困難になりつつある時代状況に危機感をもった人たちなどがクラウドファンディングで支援し、募集期間中に約三千六百万円という多額の資金が集まった。ようやく配給会社へのプレゼン用フィルムが完成し、東京テアトルが全国ロードショーを引き受ける。そのような丁寧な積み上げと人と人とのつながりによって映画が育てられていくことは、まさに『この世界の片隅に』らしい現象ではないかと思う。映画の育てられ方もまた、原作者のこだわりと時代へのメッセージを映し出しているのである。

『この世界の片隅に』は、もともとこうの史代さんによって描かれた連載漫画である。前作の『夕凪の街　桜の国』ではじめて「戦争」を描くことになったが、いずれの作品も俗に言う「戦争マンガ」ではない。戦争という非日常の悲惨さや恐怖を描き、読者に扇情的に訴えかけるようなストーリーでもない。当時もいまも日常を生きる人々がいるというあたりまえの、しかし、見過ごされがちな事実を大切にしたいという思いが原作者の出発点となっている。私はこれまた漫画にも明るくないが、原作の絵のタッチのやわらかさやしなやかさが、苦しみの中でも楽しげに慈しまれる日常を印象付けているように見える。人間の悲しさや切なさや暴力性を抱え込みながらも、当人なりの日常を丁寧に生きている姿が、「人間が本来生きるべきスピード」を愛するように描かれている。

機械文明がどれだけ発達しようが、この身体という借り物に包まれ重力で縛り付けられている限り、私たちは人間として生きざるを得ない。この選択の余地のない原事実《さだめ》が、安易な正義論にすがりつくことを躊躇させているかのようにも見える。戦争は、言ってしまえば組織的に他者をモノ化し平凡な日常を徹底的に破壊する究極の暴力である。したがって、本来戦争批判は、この日常を生きている人々の次元の視点に立ってはじめてなされうるものである。別の地点にわが身を置いて、遠くから正義の名のもとに断罪したとしても何も伝わらないし事態は変わらない。極端に言えば、その認識の仕方そのものが戦争の根っこのひとつをなしているのかもしれない。つまり、そうして一人ひとりが日常を生きていた他者の苦しみから距離をおくことに、戦争を引き起こす構造的条件があるといえるのではないだろうか。人間の傲慢さと単純化して裁き断ずること、あるいは（歪んだ）社会への安易な同一化《アイデンティフィケーション》それ自体が政治・経済の暴力装置を下支えしてきたのではないか。

読み手から距離を取らせるのでもなく、かといって問いを奪うのでもない、精妙なバランス…。そのためには、人間というカテゴリーとして一括りにし同一化させないことが欠かせない。とはいっても、ただ単に遠くに生きている別世界として描かれても共感できるはずもない。歴史的に遠くなってしまいがちな出来事と自らの生活を重ねるための試み。それが、一人ひとりの日常を丁寧に描くことへのこだわりではなかったのだろうか。たとえば、『この世界の片隅に』には、料理を作り食事をするシーンが数多く登場する。とりわけ食べることへの余念のない準備がじっくりと描かれているのは、私たちが何を破壊してきたのかを自分の身に寄せて考えたいという思いの表れではないだろうか。しかも、だれかと食べている空間（居場所）への慈しみがそこにはある。

映画は、国内累計だけで四百を超える映画館で上映され、海外でも大きな反響を呼んだ。連続上映日数は千日を超え、二〇一九年八月三日にはＮＨＫで異例の地上波放送がなされた。アニメでは『となりのトトロ』以来、キネマ旬報映画ベストテン日本映画第一位となり、さまざまな賞を獲得した。二〇一九年一二月二〇日には、カットされた原作部分を含めた長尺版が封切りされた。『この世界の片隅に』はもはや片隅にいないのかもしれない。

そして、「他人事⇒自分事」へ…

本書と関係のない映画の話を長々としているわけではない。大いに関係している（と勝手に思っている）。

『この世界の片隅に』については、「こうの史代」を特集した雑誌『ユリイカ』（二〇一六年一一月号）にたくさんの優れたエッセイが掲載されている。たとえば、ラストに出てきた戦災孤児が駅でおにぎりを落とした主人公すずの右手がないことに気づくシーンがある。この孤児の母親は原爆の被害を受け右手を失い命を奪われた。紙屋高雪は、このシーンについて、『この世界』で最も虐げられ、居場所を奪い尽くされたはずの戦災孤児が、記憶をたどって、他人について想像を巡らし、その想像をもとに他人に共感と連帯をしたことをじつに鮮やかに描破している」と論じている（紙屋高雪『この世界の片隅に』は「反戦漫画」か」二〇一六、七一頁）。右手を失ったすずが、「あんた…」「よう広島で生きとってくれんさったね」と嫁ぎ先の呉にその子を引き取っていくという行為の背景には、一六歳で嫁いだすずの生活と経験をめぐる内面に湧き上がってくる葛藤と気づきがある。とりわけ、すずがつないでいた右手ごと失ってしまった晴美さん（小姑の娘）との体験が切なく重なっている。

もう一度繰り返しておきたい。「戦争」を描くとき、「戦争」のみを描くだけではむしろ私たちの日常から遠ざかってしまう。旧い時代の別世界での非日常の描写は、せいぜい特別な嫌悪と恐怖を掻き立てるにとどまる。どれだけ悲惨で憎むべき出来事であるとしても、いまを生きる私たちには却って届かなくなる。ましてや、戦争を経験した人とさえ出遇わなくなってしまった世代においては、悲惨さを軸にした戦争の描き方では地続きで捉えられがたい状況を生む。もちろん、それは若い人たちの想像力の欠如からくるものではない。むしろ、学びの経験を提供することに責任をもつべき大人たちの問題なのである。

『この世界の片隅に』は、本書のテーマである「他人事≒自分事」にとって学ぶべき点が多い作品であるし、じつは、近代もしくは後期近代について書かれた累々たる研究書よりも多くのことを教えてくれている。

筆者は、すべての社会領域において、〈多元的生成モデル〉にもとづきつつ諸制度や通念が再構築されることを(これまた勝手に)願っている。そのややこしい言い方で済ませないでもう少し具体的な表現を模索していきたいと考えていた過程で、この映画の最も重要なテーマは「他人事≒自分事」(たにんごと・ニアリーイコール・じぶんごと)なのではないかと思いいたった。じつは、時を同じくして、ＮＨＫ『クローズアップ現代〝この世界の片隅に〟　時代を超える平和への祈り』(二〇一七年一月一二日放送)という番組がこの映画を取り上げていたとき、ゲストの映画家・大林千茱萸さんが「みんなが他人事じゃなくってこの映画を自分事として観られたんだなぁ」「片隅を丁寧に描くことで中心が見えてくるというこのやり方がみなさんの共感につながったのではないかと思います」と嬉しくなるくらい素敵に評されていた。この作り方そのものが時代への最も重要で可能性のある「向き合い方」を示しているように思えてならない。

「他人事≠自分事」はふざけた数式ではないが、書籍のタイトルとしては「不可」をいただきそうである。本ブックレットシリーズの趣旨に合っているのか自信はない。しかし、私自身は、自・他との対話を促しつつ、その中でこそ伝わる意味を大事にしたいと思っている。意味だけではない。秋口の講演先で、とある参加者の方から「五・七・五になっているんですね。」とお声かけいただき「なるほど」と気づかされた。本書は、自身の薄っぺらな知識と経験をもとに、現代を生きる人々といっしょに考えてみたいことを書き連ねてみたものにすぎない。「世界の片隅」にあるこの本を偶然にも手に取っていただき、見知らぬ読者の中に「片隅の世界」が芽生えたとしたら筆者としては望外の喜びである。

目次／越境ブックレットシリーズ 3

他人事≒自分事——教育と社会の根本課題を読み解く

越境ブックレットシリーズ　3

他人事≒自分事――教育と社会の根本課題を読み解く

1 ゆたかな学びの危機――新自由主義の教育改革を批判する

主題の「他人事⇔自分事」について説明を加えるまえに、副題の「教育と社会の根本課題を読み解く」作業を進めておきたい。具体的な出来事を真ん中に据えることから始めるというのが、「他人事⇔自分事」のこだわりのひとつである。端的に言えば、子どもも教師も「ゆたかな学び」からどんどん遠ざけられているという日常の現実から始めなければならない。まずは、日本社会に忍び寄ってきた社会変化の病根をえぐり出してみたい。

小さな政府と市場原理主義

次章で述べる一連の社会変化の影響を受けて、教育の世界は大きな変化の波にさらされてきた。敗戦後の教育改革は、戦前レジームへの徹底した反省の上に立ち、これを構築することを目指すものであった。単線型の学校体系、教育機会の保障、教育委員会（公選制）による教育行政、大学における開放制の教員養成…など、日本国憲法の理念にもとづいた教育関連法整備と教育制度の再構築が試みられたのである。しかし、比較的早い時期に、民主主義社会の未成熟に乗じて、旧い体制と体質に先祖返りさせるような制度変更(父権主義への偏りや経済の論理の優先)が打ち出されていった。教育システムの能力主義的再編や教育委員会制度の変質などを典型とする施策が、教育の「逆コース」政策として批判されてきたことはよく知られたところである。

しかし、「戦前 vs. 戦後」というわかりやすい図式はイデオロギー対立を意識化させる想定軸になるにしても、戦前のメンタリティを引きずりながら生きる人々の日常と地続きとなるにはいたらなかった。つまり、体制が変わっても依然として教育は政治権力や国家経済の道具とされたままであり、大衆の側もまた教育機会の拡大に乗じて「個人の利益を獲得する道具＝教育」という見方を強め、まんまと旧来の社会構造に絡め取られていったのである。のちに詳述する「一九六八年問題」の暗い影を胚胎していたのが高度経済成長期までの教育社会の大方の現実である。

曖昧な国家社会のありようの結果として、イデオロギーの終焉ともいえる時代状況を経て新自由主義の萌芽へと結びついていった。一九九〇年代以降の流れの露払いをしたのが、中曽根康弘首相の私的諮問機関、「臨教審」(臨時教育審議会)である。中でも第一部会の議論は、不吉な未来を暗示していた。が、実際に新自由主義的な教育改革が次々と実行に移されたのは、まさにデフレ期と軌を一にする一九九〇年代後半以降である。

「小さな政府」への動きは、福祉国家の限界を踏まえて、アングロサクソン系国家を中心にすでに世界的に拡大し始めていた。サッチャリズムやレーガノミクスなど、西側世界の一部の国々では、教育や福祉に占める公教育費の割合を抑制するという目標の下、教育もまた市場の競争に委ねることが国家的な目標とされていく。日本においては、これが「地方分権」という耳触りのよい言葉とセットになっていたことは言うまでもない。「選択と集中」の原理のもと「財政が厳しい状況なのだからいたしかたない」という諦めの空気が都合よくつくられたのである。

描かれたストーリーとこれまでの流れは単純明快である。「六大改革」のひとつに教育改革を据えた橋本龍太郎内閣は、「小さな政府」への改革をスタートさせた。やがて地方分権を実現すべく、一九九九年いわゆる「地教行法」(地方教育行政の組織及び運営に関する法律)が改正された。事務効率化という名目で、機関委任事務制度[国が地方公共団体の執行機関(知事・市町村長や教育委員会など)に委任し事務執行させる制度]を廃止した。当時の「中教審」(中央教育審議会)は制度変更だけではなく、文部科学省(当時の文部省)が発していた通知や通達の影響力の緩和を促す提言も行った。この不徹底ともいえる「小さな政府」の動きは、官僚サイドの抵抗の結果でもあるが、結果的に財務省をはじめ経済界の影響力を強めることにつながった。

決定的なスタンスの変化は、地域による教育機会格差の抑制策として機能していた義務教育国庫負担制度の改革であった。小泉政権時にさまざまな政治的な駆け引きの結果、国の負担割合は2分の1から3分の1に抑制されることになる。他の先進国に比して教育費の公的負担率が突出して低い日本であったが、さらに教育費の公的負担の割合を縮減するというのは尋常ならざる政策決定であった。

実際、歪んだ財政政策によって誘導された「教育のデフレ・スパイラル」は、教職員のパートタイム比率の増加をもたらすとともに、後述するように「教職のブラック労働化」を拡大させる結果をもたらした。しかも、この政策変更は生徒への能力主義的な見方と根っこでつながっていた。「ゆとり教育」と称される改革の本質について、当時の文化庁長官三浦朱門は、こう語っている。

「できんものはできんままで結構。戦後五十年、落ちこぼれの底辺をあげることにばかり注いできた労力を、できるものを限りなく伸ばすことに振り向ける。百人に一人でいい、やがて彼らが国を引っ張っていきます。限りなくできない非才、無才には、せめて実直な精神だけを養っておいてもらえばいいんです。」(斎藤二〇一六、六〇頁)

「小さな政府」は財政負担を減らして、経済成長を軌道に乗せ、生み出された価値を通してセーフティ・ネットを敷いて救済できる…とまことしやかに唱えられてきた。しかし、実際はどうだったのだろうか。

新保守主義と首長の一元的支配

新自由主義を持ち出す一方で、国は教育への政治的な介入(統制)を強めていった。いわゆる「君が代斉唱」「国旗掲揚」が学校現場で実質的に強制されていったのを皮切りに、「是正指導」という名の教育への国家関与が強まっていく。仕上げとして、二〇〇六年の教育基本法の改定がある。おそらく、この時点では官僚と政治家(文教族)とのせめぎあいがあり、妥協点を見いだすということも行われていたのかもしれない。しかし、これ以降、政治主導という名の官邸支配・首長支配を旨とするシステムがつくられていく。たとえば、二〇一四年には、教育政策の迅速な決定・遂行を目指して、地教行法の再改定が行われ、総合教育会議という地方自治体の長との連携を密にするべき機関が設定される。少なくとも国における政治主導は、組織的隠蔽や公的記録・統計資料等の改竄と不適切で恣意的な使用など不明朗な政策決定・遂行過程をもたらし、とりわけ官邸主導の政治はここ数年劣化を極めている。

深刻なことに、一九九〇年代後半以降、長引くデフレ経済が社会全体に悪影響を与えている。その中で、プライマリーバランス（国家の基礎的財政収支）の黒字化もしくは健全化は財政民主主義を無力化する殺し文句となった。「家計が火の車で子や孫に借金を残せないでしょ」と言われれば多くの国民は押し黙ってしまう。国家財政と家計をいっしょくたにして、人々は小さな政府を甘受している。財政民主主義の理念に立ち返り「反緊縮」を唱えようものなら、経済負担を強いる「大きな政府」を主張する守旧派とみなされることになる。もちろん、単純な政治的二項対立を突き付ける集票作戦が奏功したのは、小選挙区への移行と無関係ではない。以下、このデフレ期と重なる新自由主義の教育改革の具体的な姿をふりかえってみる。

学校化する社会と学校選択制の導入

明治期以来、就学は人格の完成と同時に立身出世の手段とみなされ、それによって大衆を学校という近代教育装置に引き寄せていった。学校教育を通しての人格形成や社会的地位の上昇移動への大衆の期待は、近代学校の成立とともに制度に内在されていたのである。国家と個人の利害の調和的な一致によって、教育の大衆化は支えられていたといってよい。しかし、明治期と現在では、就学する社会層の幅にはずいぶんな違いがある。たとえば、「就学＝社会心理的義務」という感覚を当時は予想することができなかったであろう。

他者よりも少しでも社会的評価の高い学校へわが子を…という保護者の気持ちは大学教育がユニバーサル段階に突入したいま一層強まっている。そうでなければ、これほどまでに通塾率が高まり、子どもの教育にかける私的費用が増加することはなかったに違いない。背景には、競争から降りることや社会の「普通」や「人並み」から取り残されることへの大いなる不安がある。しかし、こうした極端な教育ニーズが一定の社会層に偏っていることも事実である。まさに教育アスピレーションの階層分化が大衆化とともに起こり、「緊縮」財政のもとでさらに格差が手つかずのまま積み残されていった。

一九七〇年代以降、高校を中心に公立学校の「地盤沈下」が起こる。つまり、一定程度の経済的な豊かさを得た人々は、わが子に「安心の未来」を提供するために、あるいは、校内暴力やいじめなどの教育問題に触れさせないようにという「親心」から、地元の中学校ではなく私立一貫校に進学させる傾向が強まっていく。とくに都市部では公私立間の学校格差が拡大していった。右肩上がりの経済成長期にはこれも公教育の拡大のひとつとして前向きに受け止められたが、やがて、公立学校の統廃合が切実な課題となり、公立学校の商品価値を高めることへの誘導が行われた。教育消費者主義が浸透する中で、能力主義は疑うことのできにくい神話としての性質を帯びるにいたる。

この時期の公立学校をめぐる典型的な制度改革が二つある。ひとつは公立の義務教育での学校選択制の導入であり、もうひとつが公立中高一貫教育校の制度化であった。いずれも一九九〇年代後半のできごとである。

学校選択制は、当初はいじめ・不登校等特別な事情のある子どもたちの転校を認めるための「通学区域制度の弾力的運用」として進められていた。窮余の一策、もしくは例外的措置として行政から特別に許可され実施に移されるものである。しかし、やがて当初の趣旨は大きく歪められることになる。不登校など子どもたちの困り感とは無関係に、（前のめりの）保護者が子どもを通わせたい小・中学校を選ぶことを認める新たな制度へと変更された。前提には、新自由主義の考え方がある。つまり、現在の義務教育段階の学校はどこも金太郎飴のように画一的で（本来それが各地域の義務教育の質を保証＝保障することにもつながるのであるが）、保護者のニーズが満たされない状況にあるとまことしやかに語られたのである。かつ、学校は企業組織のように、あるいは商品を並べたスーパーマーケットのように、学校がより多くの保護者に選択してもらえるような商品やサービスを提供すべきである、というのである。

三重県の紀宝町で一九九八年にスタートした学校選択制であるが、都市部で本格的に拡大するきっかけをつくったのは、品川区の学校選択制である。学校選択制の導入に伴い、よりよい価値を生み出す組織としての経営努力によって学校間の「健全な」競争が呼び起こされ、よりよい学校には一層多くの保護者の希望が集まることになる。これとは逆に、希望者の集まらない学校には「もっと学校としての経営努力をせよ」という圧力がかけられる。市場における競争とよりよいサービスの提供の結果として、すべての学校の質を全体として向上させることがねらいである。そんなバラ色のイメージで制度化がなされていった。

しかし、実際には、この改革が上述の首長の影響力増大と軌を一にしている点を見落としてはならない。表向きの狙いとは別に、各学校組織をコントロールしやすくするという意味での教員対策であり、選ばれなくなった学校を選択者＝消費者の責任として学校統廃合の対象とするというねらいが透けて見える。この教育消費者主義は早い段階で教育社会学者の藤田英典によって的確に批判された（藤田　二〇〇五）。たとえば、学校は典型的な公共財であり、当事者である保護者とともにつくっていくものであるという点で、学校選択制は教育のあり方を好ましからざる方向に誘導する。

現在、東京では、二三区のうち一七区が義務教育段階での学校選択制を実施している（二〇一九年度）。自由選択制／ブロック選択制／隣接区域選択制／特認校制／特定地域選択制など実施形態の違いはあるが、学校選択制に伴う学校の企業化と消費者主義の普及を義務教育段階で押し広げたことの影響は大きい。公立学校の社会的責任がどこにあるのかという議論ともかかわってくるが、教育機会の格差を拡大させ受験競争の低年齢化をもたらすことが憂慮される。実際、学校選択の見直しを検討する自治体も見られるようになった。他方で、選択されるに値する学校をつくるために、私立学校の特長を公立学校に採り入れようという動きが制度レベルで始まることになる。

中高一貫教育校と「公立の私立学校化」

こうした公立学校の「社会的責任」をめぐる批判に対応して制度化されたのが（こちらも政治主導の匂いがするが）、公立の中高一貫教育校である。じつは、かつて経済界の要請を反映して、中央教育審議会の「四六答申」や臨教審答申でも「六年制中等学校」等として提案された経緯があり、長年の悲願であった。おそらく旧制中学の伝統などをノスタルジックに理想化する人々のこだわりも根底にはある。時代遅れのエリート主義と混ざり合いながら、切望されたのが中高一貫教育校だといってよい。

当初から、この制度の導入を案ずる声が挙がっていた。「中だるみ」を懸念する教授・学習効率の問題は別としても、公立中高一貫教育校導入が小学校教育に与える好ましからざる影響が憂慮された。あるいは、政策遂行の事前・事後の評価など実証的な裏付けが乏しいことなどが指摘され、長年にわたって議論は中断し計画は頓挫してきたのである。しかし、この時期、地方分権の推進と差し迫った過疎化への対応、そして、村おこし的なイメージをベースに制度化が画策され、一部の自治体が積極的に推進に乗り出していった。

たとえば、高知県では高校の廃校を防ぎ地域の学校を維持するために「連携型」の中高一貫教育校が設立された。同県には山間部の過疎地域に立地する高校の存立が危うい状況があった。こうした難局を乗り切るために、高校と中学校の教員が相互に授業を担当することで教育内容の一貫性を実現するとともに、限られた人的資源の有効活用を図ることが目指されたのである。他方、これまた政治主導で手を挙げた宮崎県立五ヶ瀬中等学校は「フォレストピア学習」を特色としつつ、全寮制による少人数教育の充実で生徒を集め、地域の特色化・活性化を実現する学校としてデザインされた。

やがて、都市部では公立高校の「地盤沈下」への対応策として主に中等教育学校(私立の中高一貫校に最も近い類型)がいくつか設立されていく。案の定、中学校と高校の設置主体が同じ「併設型」の中高一貫教育校を含めて、国会の付帯決議に記され懸念された事態が現実のものとなっていった。都道府県教育委員会等の設置主体の色付けによって多少の違いはあるが、いずれにしても中高一貫教育校は公立学校のエリート校化で私立学校の向こうを張ろうという企てである。加えて、適性検査という名の「入試」が行われ、その準備教育が地元の有力塾などで展開されるにいたっている。「個人の能力を伸ばす」というゴールが優先される中、小学校教育全般に与えるマイナスの影響については特段の配慮は行われていない。

高校の生徒定員をめぐっては、多くの自治体で公私連絡協議会の結果をふまえて定員の公私間比率が定められている。公立には設置自治体の公共的使命があり、私立には私立の独自の方針があることを認め、それぞれの仕方で公教育を支えてきた。急増期に私立学校に増分を負担してもらったという経緯もある。しかし、近年、「公立学校を変えた」というスタンドプレイに走る首長のもとで、公立学校が地域に存在する意味を問うことなく、私立学校と同じようなベクトルで競争参加し市場原理を煽るという動きが目立つ。公立学校の私立学校化は排除を促す結果をもたらしかねない。歴史的にみて、私立学校は(一部の教育実験校を除けば)急速な公教育拡大の重要な部分を特色ある教育(大学入試対応型、もしくは特別なニーズ対応型のカリキュラム・教育実践)によって担ってきた。有数の進学校の形成はその歴史的所産であった。

現在は、公立も私立もわれ先にと交換価値の形成を急ぎ、足元をすくわれている感がある。このことは、とくに公立学校での改革に暗い影を落としている。つまり、もともと極端に少ない公教育費をさらに抑制させる方便としてつくられた文脈に乗せられ、首長の影響力におびえ、行政が主体となった改革によって学校の存在理由が変質させられている。結果として、いわば「レント」(超過利潤)を貪るように、民間企業の営利を追求するチャンスを広げているにすぎない。これこそがマクロな教育現実なのかもしれない。しかも、この文脈に乗せられると、そこから降りることはきわめて難しいこととしてイメージされてしまう。この点は、同じ時期に起こった学力論争とその帰結についてもあてはまる。

「学力低下論争」でだれが得をしたのか？

その前に、戦後のテスト・評価・選抜方法の主だった動きを眺めてみる。**表1**に示した通り、「平等主義 vs. 能力主義」の対立図式にもとづく政策形成が行われた時代はもう過去のものになっている。テストと評価主義が個人化された能力を求め、ますます幅広で曖昧な範囲をも測定可能であると誤解してきたことが読み取れる。能力や選抜にこれほどまでに執着しているのは、後述するハイモダニティならではの現象である。

まず、戦後改革期には、教育は戦前への反省をふまえ民主主義社会をつくっていくための基盤とみなされた。あわせて、出身階層や性別等の違いにかかわらず教育機会を享受できることを理想として求めるようになった。しかし、高度経済成長期には次第に「他人事⇒自分事」の方向から逸れ、「教育ママ」と私生活主義を高度経済成長のエンジンとしながら教育消費者主義の素地が整えられていった。この時期には、学区の拡大に歯止めをかけるために総合選抜制や学校群制度を設けるなど、形式的平等を重視する施策を講じる自治体も少なくなかった。しかし、戦後の（教育的）平等主義の理念が辛うじて能力主義の歯止めとなっていたのが高度経済成長期であった。しかし、高度経済成長期も中期に入るとさらに経済界から教育を投資として求めるまなざしが強く打ち出される。結果として、教育における平等に一定程度歯止めをかける政策が選択された。

表1　テスト・評価・選抜方法等の戦後改革史

	テスト・評価・選抜方法に関連する出来事	主要教育関連答申・法改定等
戦後改革期	新制高校発足（1948）（高校三原則＝小学区制・男女共学・総合制） 蜷川京都府政「15 の春は泣かせない」（1950～） 京都府など：総合選抜制度導入（1950） 大学入学検定試験（1951） 神奈川アチーブメントテスト実施（1951） 33 府県中 17 で小学区制実施（1952） 東京都：学区合同選抜制度導入（1952）	新日本建設の教育方針（1945） 米国教育使節団報告書（1946） 教育基本法（1947） 教育委員会法（1948） 産業教育振興法（1951） 私立学校振興法（1952） 学校給食法（1954） 地教行法（1956） 大学設置基準制定（1956） 勤評反対闘争（1957-59） 公立義務教育諸学校の学級編制及び教職員定数の標準に関する法律（1958） 道徳教育等反対闘争（1958-60）
高度経済成長期	全国学テ反対闘争（1960 年代） 高校全入運動（1960 年代） 偏差値利用開始（1960 年代） 「偏差値輪切り選抜」批判（1960 年代後半～） 文部省：公立高等学校入学者選抜について（＝「適格者主義」）（局長通知）（1963） 中学校卒業程度認定試験（1967） 東京都：学校群制度導入（1967） 愛知県：学校群制度導入（1973）	高等専門学校設置（1962） 経済審議会答申「経済発展におけ．る人的能力開発の課題と対策」（1963） 教科書無償給与（1965） 家永教科書裁判（1965 ～ 1997） 文部省：「高等学校における政治的教養と政治的活動について」（1969） 中央教育審議会『今後における学校教育の総合的な拡充整備のための基本的施策について』（「四六答申」）（1971） 新構想大学設置開始（1973）
安定成長期	特色ある高校づくり（1970 年代後半～） 観点別学習状況評価導入（1978） 養護学校義務制実施（1979） 共通一次学力試験導入（1979） 東京都：学校群制度廃止・グループ合同選抜制度導入（1982） 文部省：高校入試における推薦入学推進（局長通知）（1984） 文部省：各高校・学科で能力・適性等判定（局長通知）（1984） 愛知県：学校群制度廃止・複合選抜制度導入（1989） 単位制高校設置（1989） 大学入試センター試験導入（1990） 慶應義塾大学 AO 入試開始（1990）	人材確保法（1974） 教頭職制度化（1974） 主任職制度化（1976） 旭川学テ最高裁判決（1976） 私立学校振興助成法（1976） 養護学校義務化（1979） 40 人学級実施（1980） 臨時教育審議会第一次答申（1985） 臨時教育審議会第二次答申（1986） 臨時教育審議会第三次答申（1987） 臨時教育審議会第四次答申（1987） 初任者研修制度（1989）

（次頁につづく）

デフレ経済期	観点別学習状況評価制度化（指導要録記載）（1991） 新学力観にもとづく小・中学校学習指導要領改訂（1992） 文部省：塾通いの弊害指摘（生涯学習審議会答申）（1992） 文部省：業者テスト依存批判（事務次官通知）（1993） 文部省：学区拡大と特色化の促進（1993） 総合学科制度化（1994） 東京都：グループ合同選抜制度廃止（1994） 神奈川アチーブメントテスト廃止（1997） 高校入学者選抜方法の多様化・多元化（局長通知）（1997 年） 「学力低下論争」（1990 年代後半） 公立小・中学校での学校選択制導入（1998） 中高一貫教育校の制度化（1999） 「探究型学習」（1990 年代〜） 東北大学・筑波大学・九州大学アドミッションオフィス設置（1999） アドミッション・ポリシー確立提案（2000） 国立 3 大学 AO 入試導入（2000） OECD ／ PISA テスト（学習到達度調査）開始（2001） 東京都：進学指導重点校設置（2001） 東京都：学区制度廃止（2003） 高等学校卒業程度認定試験（2005） 経産省：社会人基礎力提案（2006） 学力の三要素（2007） 全国学力・学習状況調査（2007 〜） 民間教育産業の関与拡大（2010 年代〜） e-Portfolio 推進（2010 年代後半〜） 学習の個別最適化（2010 年代後半〜） 京都府：総合選抜制度廃止（同実施自治体ゼロ）（2013） 「主体的・対話的で深い学び」（2010 年代半ばごろ〜） 東京大学推薦入試導入（2016） 大学入学共通テスト実施方法への疑問噴出（英語民間テストや記述式採点など）（2019） 高校生のための学びの基礎診断実施（2019） 新学習指導要領実施（小・中）（教育方法言及）（2020 年度予定） EduTech（1 人 1 台タブレット配付）（2020 年度予定） 大学入学共通テスト実施（2020 年度予定） 新学習指導要領実施（高）（2022 年度予定）	大学審議会答申（大学設置基準の大綱化）（1991） 『児童・生徒の「心の居場所」づくりを目指して』（1992） 子どもの権利条約批准（1994） 経済同友会提言「学校から合校へ」（1995） 中教審答申「今後の地方教育行政の在り方について」（1998） 地教行法改定（1999） 国旗及び国家に関する法律（1999） きぼう 21 プラン（有利子貸与）奨学金発足（1999） 地方分権一括法（2000） 学校評議員制導入（2000） 教育改革国民会議中間報告「教育を変える 17 の提案」（2000） 完全学校週五日制実施（2002） 「確かな学力向上のための 2002 アピール（学びのすすめ）」（2002） 学校運営協議会導入（2004） 日本学生支援機構設立（2004） 「特別支援教育を推進するための制度の在り方について」（2005） 義務教育費国庫負担制度の改革（2006） 教育再生会議（2006） 教育基本法改定（2006） 学校支援地域本部（2008） 教職大学院制度化（2008） 教員免許更新制（2009） 高校授業料無償化導入（2010） いじめ防止対策推進法（2013） 教育再生実行会議（2013 〜） 高等学校等就学支援金制度導入（2014） 総合教育会議設置（2015） 障害者差別解消法（2016） 教職課程コアカリキュラム（2017） 「教育機会確保法」（2017） 道徳の教科化（小：2018、中：2019）

これに続く「安定成長期〜バブル崩壊直後」までの間に特徴的なのは、「過度の受験競争」への禁忌の意識が働いていた点である。「ゆとり教育」という概念も教育理念としてではなく、ましてやあるべき社会像としてではなく、ある種の教育熱のクールダウンを意識したものであったことがわかる。しかし、「ゆとり教育」を批判する側は、かれらの主張の「意図せざる結果」を意識したようには見えない。結果として、この時期に芽生えていた「小さな政府」を目指す新自由主義の教育改革と共振することになった。同じ時期に「学力低下論争」は湧き起こっていったのである。

発端は、大学関係者、とくに経済学や数学などを専門とする人々が、「分数のできない大学生」の実態を憂い、世に問い、学力低下の深刻さを訴えたことにある（岡部他　一九九九）。「鎌倉幕府ができた年が何年か？」というさほど重要とは思えない問題も含めて、学習到達度に異変が起きているのではないかという指摘がなされた。実際、TIMSS-Rという伝統的な教科学力習得に関する試験の世界ランクは、一定程度の低下を示した。これにより、「ゆとり教育」と称された一連の教育改革が一括りにされて、まるで戦犯のごとく非難されていった。

「学力低下」の原因として、必修単位数の減少というカリキュラムの変更が指摘されたことは言うまでもない。政治的な風の流れを読みながら、文部（科学）省はまるごと批判を受け入れることもできないこともあって、「確かな学力」と言い換え、これを新たな一元的目標として提示した。学習指導要領は青天井のものとされ、不安を煽り官民あげての学力向上運動が展開されていったのは偶然ではない。

しかし、基礎・基本と連呼していた人々のこだわりはどこへ消えたのか。経済を成長させることに関心のある国際機関ＯＥＣＤがＰＩＳＡ型学力を唱えたのに伴って、関心のターゲットはＰＩＳＡの得点へと移っていく。

日本では、経済産業省が音頭をとって、「社会人基礎力」という具体的なゴールを提示することになる。国は経済的利益を生み出す生産的な次世代を育てることを最優先の目標に掲げていく。こうして、国家の目標設定に応じて個人間の競争を煽る基本構造が出来上がっていくのである。

悉皆の全国学力テストが二〇〇七年より実施されたのも大きい（一時期のみ抽出調査）。国ばかりではない。自治体はこぞってこのテストの得点を上昇させることに躍起になっている。都道府県別のテストスコアに一部の首長が一喜一憂するというじつに異様な光景が繰り広げられるようになった。もともとの趣旨は学習指導要領に準じて子どもたちが学んだ内容の定着状況を客観的・継続的に把握し、もって有意義な政策に活かそうというものであった。その意味では、標本調査で充分であった。

しかし、国は、五〇億円を超える巨額の予算を毎年度計上して相変わらず悉皆調査を継続実施している。省庁の貴重な予算付けでもあり、これを責任官庁が自ら返上するとも思えない。求められたゴールに合わせて最大限の力を発揮する善良で生産性のある国民を育成するという目標と同時に、ある種の国家的な管理主義の徹底がこれによって盤石になる。その意味でも、既得権益を得る者たちが後戻りをするとは期待できない。一九五〇年代に空前の学テ反対運動を進めた教職員組合は私事化の影響もあって組織率を低下させてきたが、教職員組合に限らずこの学力低下への対応には異論を差しはさめない空気がつくられていった。加えて、民間企業がテスト作成等に関与するばかりか、それをリードするという役割を演じている。しかも、少数の民間企業によって占められており、かれらは膨大な個人情報を扱い予測精度を上げることに躍起になっている。

報道などによれば、特別な配慮を要する生徒を受験生から外して点数を底上げたり、受験時に机間指導をして誤答をしている子どもの机をトントンと叩いて知らせたり…そんな笑うに笑えない対応が行われていったと聞く。それ以上に、深刻なのは子どもの生活（時間と空間と人間関係）の全般的な変質の方である。学力低下論争を受けてまじめに悉皆方式の全国学力テストが計画実施され、これをまじめに有効活用しようと学力の習得状況に一喜一憂する。さらに、まじめに授業方法を改善して学力向上策を改善する。まさに、だれも悪意なく、良心的に子どもの生活を蝕んでいくのである。だから厄介なのである。

これまで以上に、学力を向上させるための受験準備学習としての塾通いが進むだけではない。自治体が中心になって小・中学生の大切な夏季休暇を削って学習合宿を開催するなどして自治体全体の平均点を上げようと企てたケースもある。もちろん、子どもを学力の表象として捉えている「教育熱心な保護者」にとっては「ありがたい」ことかもしれない。ところが、学力向上に熱心な当該自治体の不登校発生率は、大胆な学力向上策が新たに導入されるたびに上昇していったのである（近接するしんどい家庭の多い自治体と比較してまったく逆の道をたどっていった）。この自治体は、生活がしんどい家庭が多いことで知られているが、残念ながら全体得点を向上させるために採られた施策によって、しんどい生徒がますますしんどくさせられていった可能性が高い。「学力テストを政策評価に使う」とよく言われるが、もう何年も一貫してこの逆効果が確認されているにもかかわらず、「さらに学力向上させるにはどんな頑張らせ方をするか」というアジェンダ設定を行い続けている。子どもにとっては（おそらく教師にとっても）、無間地獄以外の何ものでもない。それにしても、表1の「デフレ経済期」の評価や入試の個人化と内面管理の徹底ぶりは異常であるといってよい。

「エンパワメント」概念への誤解

このような世の中の動きに対して、教育社会学者も手をこまぬいていたわけではなかった。たとえば、いち早く学力低下論争に加わった苅谷剛彦は、日本の大衆教育が階級間格差を素通りする日本社会特有の問題を指摘し、まさに学力の階層差をめぐる議論を活性化していった。たとえば、「学力のふたこぶラクダ現象」を実証的に跡づけ、学力格差の拡大を裏づけていった(苅谷他　二〇〇二)。例を挙げるときりがないが、家庭の年収や親の学歴と相関する形で学力スコアや教育アスピレーションが高くなっていくことを検証する研究も次々に世に出されていった。

かなり以前から、欧米では教育機会の階層差や文化的再生産についての研究があまた蓄積されてきた。日本よりも二〇年ほど先んじていたといってよい(J．カラベル&A．H．ハルゼー　一九八〇＝一九七七など)。サミュエル・ボールズとハーバート・ギンタスの対応理論、ピエール・ブルデューの文化資本論、バジル・バーンスティンの言語コード論などは、学力等の階層差を説明する上で重要な貢献を行った。あるいは、教育制度もしくは学校教育内部のプロセスによる格差形成についても、ジェームズ・E．ローゼンボームのトラッキング理論やレイ・C．リストの教室内のレイベリング理論など数多くの知的探究の歴史がある。いずれも学力の階層間格差を是正する上で一定のヒントを与えてくれていることはたしかである。しかし、本来的に学校文化やカリキュラムを中心とする学校システムそれ自体が権力の産物であり、かつ、これを正統化し隠蔽してきたという知識社会学に固有の告発は忘れられがちである。

もちろん、構造自体を変えていくのは口で言うほど容易ではないこともまた明らかである。学校でなんとかできることはないか…。このニーズに応答する理論として、「力のある学校」という考え方が志水宏吉を中心に展開されていった（志水　二〇〇八、二〇〇九）。実際に、日本の教育実践史の中で、同和教育の実践が生徒のしんどさに寄り添い、学力保障と進路保障を試みてきたことの社会的意義は改めて指摘するまでもない。しかし、ここでは文脈の転換が重要な問題を孕む。つまり、効果のある実践や組織文化等の諸特徴の析出によって、いかにすれば生徒の学力を伸ばすことができるかという問いにすり替わってしまう。生徒は常にエンパワーされる対象（客体）として位置づけられるのである。

しかも注意すべきは、国内のこれらの議論のほとんどが小・中学校に焦点をあてたものであるという点である。このことは、往々にして、エンパワメントのゴールなるものが父権主義的に設定されることを当然視し、かつ、ゴール自体が一元的な学力とみなされるという結果をもたらす。これは、もともとエンパワメントという概念の持っていた本来の意義や瑞々しさを著しく変質させることにつながる。つまり、権力を剥奪されている状況の捉え直しをしないまま、学力形成という一元的なゴールに向けて子どもたちを「まじめに」追い立てていくのである。主体や当事者の意味づけが致命的なまでに抜けてしまっている。加えて、この半ば生産函数モデルに近いプロセスに、研究（者）が組み込まれていくことを意味する。社会の関係性、とくに権力（それは、問いそのものを立てるための資源でもある）そのものの問い直しを切り捨てた議論になっていくことが懸念されるのである。

これは、どのような〇〇教育をよりよい実践の選択肢として提起しようが変わらない。意図はどうであれ、めぐりめぐって教育社会学が新自由主義の一端を担い、子どもの日常を支配する側に立つことになるのではないだろうか。もっとも、こうした議論も「余白」をどのくらい残すかによって変わってくるのであるが、いずれにしてもハイモダンといわれる時代の教育改革はことほどさように手ごわいことを認識しておきたい。

求められる「力」と拡張する病

いま巷には、○○力を伸ばそうという言説があふれている。新学力観と言われた時代にその萌芽はあったが、求められる学力自体がまずもって基礎学力や受験学力以上に幅広くなったようである。認知的な学力の拡大は、近年のアクティブラーニングの流行によってさらに助長されてきている。学習指導要領が提起する学力の三要素は、まさに財界や経産省の主導する社会人基礎力をなぞったような内容となっているのである。「先の読めない不透明な社会」「将来が見通せない時代」において必要なものとは、さまざまな問いを解決する力なのだという。納得解と言おうが議論の構造は変わらない。それにしても、見通せないのに解決できるとは、まるでスーパーマンの登場を期待しているかのようである。

この学力の無限定な拡大は、年齢の幅を超えて広がっている。低年齢に顕著なのが、英語力である。とくに、小さなころから英語に親しませようと大人たちは躍起になる。幼稚園の中には英語力の育成を売りにするところも少なくない。支払い能力のある家庭では、習わせないことが親として失格ではないかと不安に陥り、結果として子どもを追い立てていく。スポーツも「体を動かすことを楽しむ」ということよりも、生きにくい時代を生き抜くのに必要な「身体化された資本」を得るために学ばれるように見える。困っている保護者に寄り添うことよりも、前のめりの保護者のニーズに応えること、もっと正確には、ニーズを煽ることを優先しているかのようである。不安な時代状況を喧伝し、最終バスに乗り遅れないようにと駆り立てていくのである。

大学以降にも影響は及ぶ。岩脇千裕（二〇〇六）が企業の人事資料の分析から明らかにしたように、現代の企業は旧来的な力よりももっと広範な力を新規学卒者に求めているように見える。とくに、「コミュ力」は、権力（採用者）の求める力を忖度する力を含めて、大学教育の中でしっかりと身に付けるべきものと受け止められているのである。かつてなく出席重視の大学教育が展開される中で、（奨学金も充分でないことから）アルバイトに精を出さざるを得ない状況に追い込まれている。「挫折を克服した物語」を面接で語れるようにサークル活動にも精を出し、結果的に「コミュ力」の形成を願うことになる。二〇一九年の夏、リクナビと企業二〇社との内定取り消し情報をめぐる癒着（内定辞退予測情報の売り買い）が取り沙汰されたように、まさに就職にかかわるビッグデータは個人の意思にかかわらず都合よく利用される危険性がある。恥ずかしげもなく人間が露骨に商品化されている。このような企業のありようは、失われた二〇年の間に驚くほど「普通なこと」として見過ごされるようになっている。大学生はモノと化しており、就活をめぐる不条理なまでの抑圧的な状況はいわば他人事とされているのである。売り手市場においても、いや、売り手市場だからこそこうした状況は見えにくい形で劣化している。

これらの力が求められる構造自体を、つまり権力関係自体を問題にする道筋は往々にして捨象される（金井二〇一七）。たとえば、「だったらもっと異なる力を身につけて対応させればよい」という安易な教育代替案を用意する方向に向かいがちである。なおかつ、近年の入試改革は測り得ないものまでも測ろうとする傾向を色濃くしている。大学入学共通テストの英語民間試験や国語と数学の記述式試験が頓挫している状況が異常さを象徴している。まさに、ハイモダニティの再帰性が行き過ぎた状況を呈している（中村　二〇一八）。これらの傾向は、「障がい」をめぐる問題についても一層顕著になってきている。

特別支援教育と包摂的排除

近代国家が当時の社会にとってみれば異質きわまりない学校という空間に教育機能を独占させて久しい。以来、「学校に行くこと＝学習すること」という社会認識の反転（価値の制度化）が生じていった（イリッチ　一九七七＝一九七二）。各自治体（府県）は就学告諭という行政文書等を通して就学率を高めていき、いつしか学校へ行くことが社会心理的に強制される行動へと変質していくことになる。就学を当然視する社会がいきわたったころ、やがて身体症状をもって学校を忌避する子どもたちが現れた（学校恐怖症）。かの女たちは当然のように内科を診療するが、身体そのものに原因がないと診断される。近代の心身二元論に従って、最終的には心もしくは精神の病（神経症）として解釈されていく。これは、個人化した医療化カテゴリーの普及の典型例でもあった。原因は明らかに就学を強制する学校という制度との関係の中で生じているにもかかわらず、問いは巧妙にずらされていく。結局、「学校復帰」というゴールを目指して、病を抱えた個人として治療・矯正の対象とされる。あるいは、学校という空間の周縁部（保健室など）にかろうじてとどまることで就学とみなされる。いずれにしても、緩やかさの程度の違いはあれ、不登校生はまさに包摂されながら排除されていったのである。

近代と不登校の扱いの関連に似た構造が、後期近代と「発達障害」の関係にも反復される。一九八〇年代の後半以降、学校現場（とくに小学校）では「新しい荒れ」という現象が生まれ、一九九〇年代半ばには「学級崩壊」言説が生まれていく。教師の指導力の低下から子どもの育成環境の変化へと原因帰属は移ろったものの、「収拾すべき事態」とみなされたことに変わりはない。しかし、二〇〇〇年代に入ってしばらく経ってからは、「学級崩壊」が従来的な取り上げられ方をされなくなっていったように見える。それとともに、教育言説として普及していったのが、「発達障害」をめぐる言説である。

二〇〇一年に文部科学省が特別支援教育についての調査研究協力者会議を立ち上げ、二年後に最終報告書をとりまとめた。これ以降、「発達障害」というカテゴリーがあたりまえのように使用され、およそ６％程度の割合で通常学級に当該の児童生徒が在籍しているという推測が信じられる。それと同時に、就学前診断の結果をふまえて、「発達障害」と診断される子どもたちが増加していく。つまり、かれらを記述するカテゴリーは専門知を通して社会的に構築されていった。小学校に就学するわが子の発達状況を案じる姿は、とくに教育の大衆化が実現し、教育を通して「人並み」の成長を願う親たちが増えるに連れて常態化した。個別支援計画を立て、特別な環境を用意して子どもの成長を実現しようという（それ自体としては）「良心的な試み」が展開されていく。特別な学校としての「養護学校」の義務化よりもさらに細分化された医療カテゴリーにもとづく児童理解が行われていったのが「発達障害」の制度史の特徴である。

しかも、教育の個人化・効率化の中で、特別支援教育は次第に特別支援学級という同質的空間の中で実施されることになる。特別支援学級は、二〇〇〇年代に入るころから異常なまでに急増しているのである（**図1**）。

サマランカ宣言（一九九四年）が打ち出されて以来、インクルーシブ教育が世界的潮流となっているものの、日

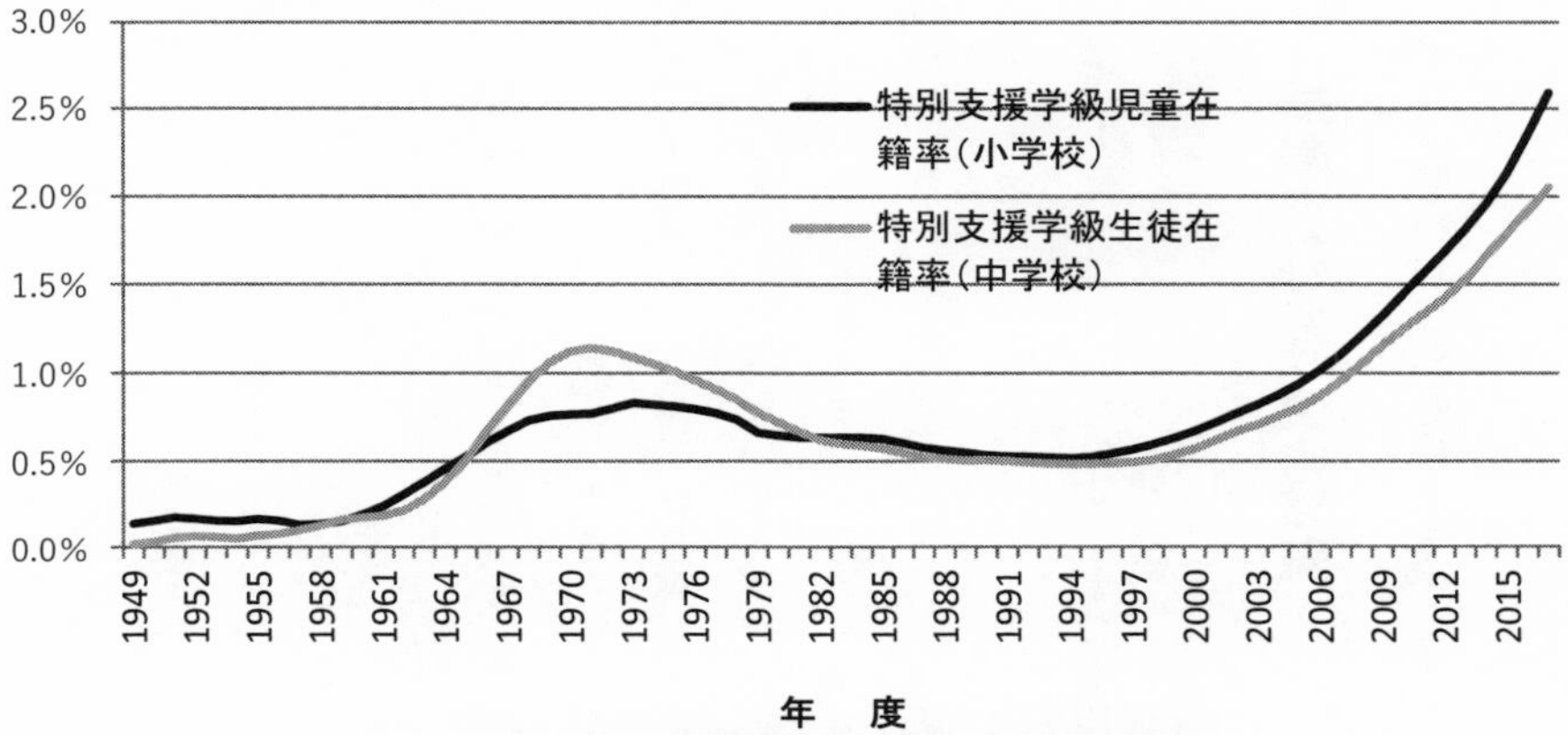

図1　特別支援学級在籍児童生徒在籍率の推移

注）文部科学省『特別支援教育資料』（平成29年度版）および『学校基本調査』（各年度版）より作成。

本の場合には、文部科学省が「インクルーシブ教育システム」という玉虫色の方向性を打ち出していった。「効率よく学力向上を実現するためにも」、あるいは、「当事者の望ましい発達を支援するためにも」、特別な学級に隔離しながら教育を充実させていくという道が選択されたのである。しかし、これはきわめていびつな「ごまかし」である。本来、合理的環境調整を行うことが求められるのであるが、早期の「発達障害」の発見と処遇は「いっしょに生きていくこと」を困難にしているといってよい。特定の子どもたちの排除によって学力テストで測定される「平均点」は上昇し、分散も縮小して、一見すると底上げをしたように見せられるのである。しかし、これは本来的な姿とは思えないし、なにより、「普通学級」に収容された「普通」と言われる子どもたち及びその保護者の生き方の幅と視野を著しく狭くすることになる。

たとえば、ひとつの例として、横浜市立飯島小学校の取組みを描いた「〝いるんだよ〟って伝えたい～横浜・特別支援学級の子どもたち～」というTV番組を取り上げてみたい

（二〇一七年五月二七日：NHK教育テレビ放映）。横浜市では特別支援学級の呼称を用いずに、個別支援学級（支援級）と呼んでいる。二人の「交流生」に焦点をあてたこの番組は、この小学校の非常に「良心的な」取り組みを描き出していた。先生方もとても熱心である（実際、この学校の取り組みは数々の賞を受賞している）。しかし、あるとき、「個別（級）の子だよね。トイレ長いね。」と一般級の子どもが「交流生」にわざと言ってくるという「事件」が起こる。子どもたちも先生方はこれを大変な出来事と捉えて、全体に共有してみんなで話し合い（心の授業）を行わせる。子どもたちは「差別しないように」と個人の一生懸命にどうすればよいか考えていた。しかし、結局のところ、子どもたちは「差別しないように」と個人の内面に返す形で意見の一致をみていく。番組のエンディングで、言葉で直接伝えるのが苦手な当事者（「交流生」）の男の子がノートに書いた言葉が胸に刺さる。「名前が一人一人ちがうように、個性が一人一人ちがう。だれが上とか下とかないと思います。一人一人が人間ということ。障がいがないとかあるとか関係ない。どちらもただの人間だからと思います。」（傍点は筆者）と。常に分析され、分けられ、隔離される…。これは近代にありがちな「二分法」にもとづくロジックであり、差別の源泉である。ここでは、当事者の利益のためにと教育的支援が行われるのであるが、しかし、かれ自身の問いと言葉は権力によって（良心的に）都合よく解釈され、構造を安定させる言葉として回収されていく。とても切ない場面である。

捨象される社会的課題

さて、学校が社会的機能を果たすことは現実的にも、理想としても異論はない。しかし、国家社会が求める学力をきわめて効率よく形成していくことばかりにとらわれ過ぎるとき、学校が負うべきもうひとつの機能を軽んじることになる。それは、新旧の教育基本法に書かれている「社会の形成者」の育成である。つまり、学校はいままでどおりの社会をなぞるだけではなく、社会の具体的課題と向き合いながらこれを解決していくような市民を育成することを期待されているのである。あえて、「教育は社会の誤りを正すためにある」と宣言したい。しかし、もともと日本の学校はこの側面を大幅に弱体化させられてきた。それは、歴史的に、民主主義を勝ち取ってきたという事態に迫られなかったということが関係しているのかもしれない。たとえば、北欧などは他国による占領から独立し、まさに民主主義は勝ち取るべきものとしてあった。これに対して、日本の場合、江戸時代は身分制によって維持され、明治になっても結局は天皇制によって常に与えられつつ奉仕する臣民として位置づけられた。主体なき無責任体制が制度化された社会なのである。

必定、「社会の形成者」がリアルに感じ取られることは困難となる。近年の若者の投票率が他国に類例を見ないほど低いという事実はこの点とも深くかかわっている。逆に、投票率の高いシルバーデモクラシーの支え手たる高齢者は、じつに体制維持的な世間並みの行動を安直に受け容れ続けてきたといってよい。学校の学びにもこの点は投影されており、かつ、この一〇年余りの間に極端に強まっている。たとえば、「高校で身に付けるべき学力」について二〇一五年調査のデータでは、一一年前の二〇〇四年調査に比べて、コミュニケーション能力や受験学力を重視する割合が増加しているのに対して、社会をいっしょに創っていく力は大幅に減衰している(図2)。

また、「総合的な学習の時間」のテーマも、「国際理解」「地域」「環境」「福祉」などの社会的課題が設定される割合が減少し、自己の生き方や進路など個人化した問題や自己啓発的な方向に明確にシフトしている。もともと自

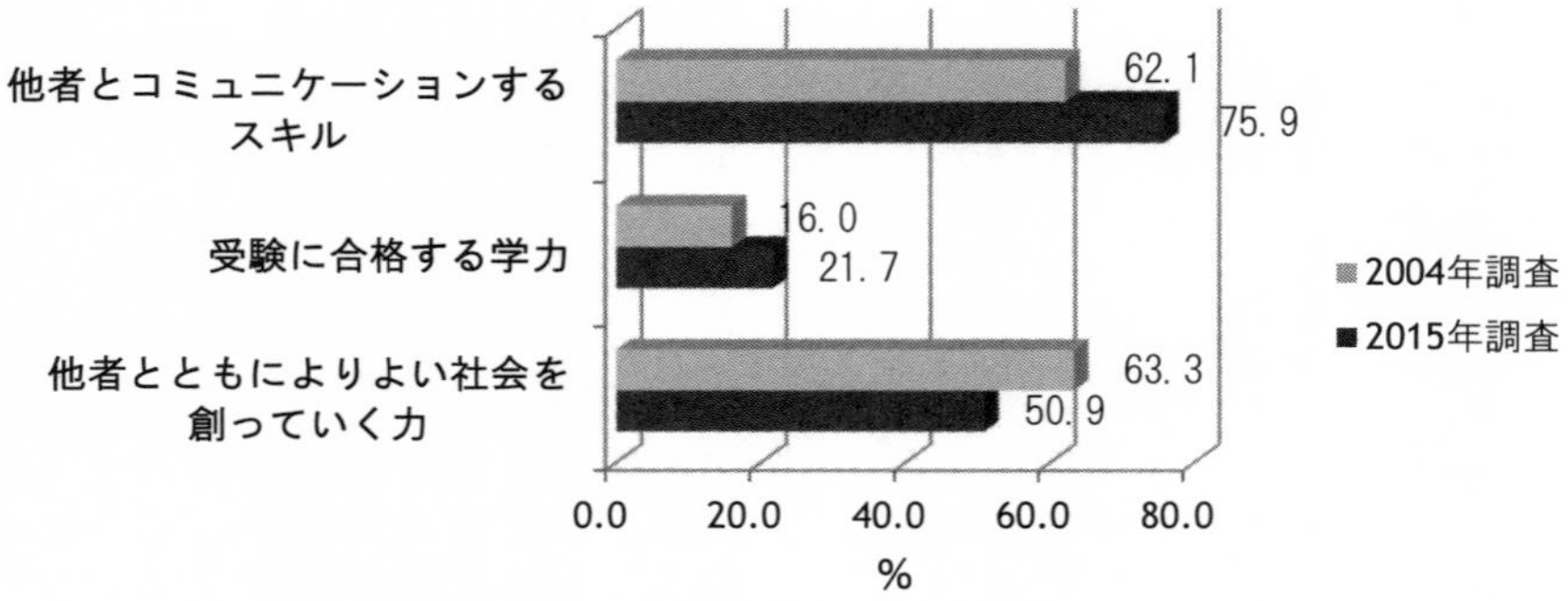

図2　高校生が「優先して身につけるべきこと」

注)「高校で生徒は何を身につけるべきだと考えますか」という問いに「優先して身につけるべきである」と回答した％（複数回答方式）。
出所）全国高校校長・教員調査（2004年・2015年）による（菊地　2015）。

己に回帰する傾向が強かったが、これがさらに強まっているのである（菊地　二〇一五）。教科横断的な学びであるべき「総合的な学習の時間」においてさえもそのような状況なのである。まさに、後述するハイモダニティ社会の再帰的な傾向を裏づける形となっている。

この傾向は、学びの中に、「他人事≒自分事」が入れ込まれないまま、個としての力を伸ばすことがひたすら求められている現状を如実に表している。昨今はやりの探究型の学びもまた、現代社会の趨勢に則って実践が展開される限り、新自由主義を支え増殖させる実践にとどまる可能性が高いといってよい。

奨学金政策とSociety5.0への盲従

これら新自由主義的な教育改革に連なる一連の変化は、構造的に生み出されている。つまり、国家財政のバランスシートの赤字化という「家計」の火の車状態を大衆に示しつつ、経済格差等の構造問題にはほとんど手をつけず、さまざまな失敗をすべて個人の自己責任として押し付けることによって成り立っている。問題なのは、そのような「空気」を世の中にふりまき、「社会的弱者」同志が相互に非難し合い監視し合う社会をつくってきたことである。グローバル化に伴う厳しい経済情勢の喧伝や外交の失敗によるムダな防衛費の増大も、国民の不安を煽るに充分すぎる条件を提供してきた。

まず、奨学金政策の変更がある。その特殊性と実態については、小林（二〇一二）や大内（二〇一七）に詳しい。端的に言えば、日本は奨学金の教育ローン化をまっしぐらに推し進めてきた。まさに公的奨学金機構の「サラ金化」である。奨学金返済の取り立てを本体から切り離したサービサーに任せることで、容赦のない回収ができる。しかも、かろうじて遅滞した返済にたどりついても、「延滞金→利子→元本」の順に返済が行われることから、なかなか元本が減らない（奨学金問題対策全国会議編　二〇一三）。したがって、いつまでもだらだらと不自由な身として縛られたまま、人生設計に翳りをもたらすことになる。所得変動方式が導入されればいくらかは救いになるかもしれないが、そもそも奨学金は若者の社会保障なのであって、金融事業ではないはずである。根本をはき違えている。

教育＝カネ…という匂いは、最近もっと露骨になっている。ヨーロッパでは再見直しが進められている水道事業などの公的事業の民営化であるが、日本はそこに外資を入れていくなど国の形も民衆の生活もともに切り崩す動きを推進している。これと同様に、今度は、中教審の議論自体のゴールがSociety5.0にどう対応するかというアジェンダ設定へと振り切っている。周知の通り、Society5.0とは第四次産業革命を経て到来する新たな社会をイメージしている。典型的なテクノロジーとしてのＡＩやヴァーチャルな現実を映像化していくＶＲなどの開発と応用を目指すことになる。これは一言で言えば、身体の外部化ということであろう。自身との対話が可能であったはずの身体までもが自分から切り離されていくのである。興味深いことに、中教審の議論は、もはや国民各層の生活への想像力を欠いたものとなり、偏った経済言語によって語られる「浮ついた儲け話」へとすり替えられている。

財政そのものが自分たちの手から離れていても特段の問題を感じられなくさせられた私たちにとって、Society5.0を前提とした議論も他人事にすぎないのである。教育改革そのものを手触りや肌理を欠いたものに変質させていくことで、これらの改革がさして問題ではないと見過ごされていく。ましてや、日々の多忙さで翻弄されている状況にあっては、適応するだけで精いっぱいである。教員も子どもたちも…。この状況をつくりだすことによって新自由主義の教育改革は盤石となる。そう、「眠っていてくれていた方がよい」のである。

教育の経済化を支える二つの課題

教育が経済の奴隷状態と化していく時代に、もうひとつ重要な改革が行われてきた。それは、政治と行政と組織の領域で展開されてきた。つまり、「もっと利益を出すためにはどうすればよいか」、「不条理に気づかず、声を上げないシステムをどうつくるか」という二つの課題である。

ひとつめの課題を達成するためにしばしば語られるフレーズが、「スピード感」をもって…という決まり文句である。「民間企業では…」と言われて、お役所仕事の行政は大いに立場を悪くし、同じ公務員ということで教育公務員としての教師への風当たりも一層強くなっていった。とくに、「イチャモン」や「モンスターペアレント」

が問題化するのは、まさに保護者の高学歴化というよりも、学校へのまなざしが「営利企業」のアナロジーによって変質させられたからではないか（＝クレーム対応との酷似）。教師の質や学校のいたらなさ、あるいは、公的部門のフットワークの悪さ、お役所の上から目線…等々と揶揄され続けてきたのである。もちろん、すべてが的外れであるとは言わないが…。

しかし、これらの言葉たちが、新自由主義の教育改革を正統化するのと同じロジックのもとに頻用され、学校関係者はそれに対してはＮＯと言えない状況がつくられたということである。もちろん、公共の福祉に反しない限りでのスピード感は積極的な意味も持っている。しかし、やがて「公共の福祉」が「公益及び公の秩序」（自民党憲法草案）に読み替えられるとき、さらに殺伐とした空気が生まれてくるかもしれない。たとえば、学校選択制が敷かれた中学校や定員割れを起こした高校の教員がビジネスマンよろしくプレゼンしている姿にはもはや違和感しか覚えない。「教育版経済（経営）言語」はじつにシンプルでわかりやすい。長期的な学びの意味とか多様な意味づけではなく、より多くの「お客さま」に選ばれるかどうかが問われるのである。そのためには、実質よりも「見せ方」に心を奪われざるを得ない。管理職を中心に、教職という仕事の質が変わり、子どもたちとの対話的関係が阻害されていく一因となる。

さて、ふたつめの課題は、組織内の意思決定過程と指揮命令系統の見直しである。これも一九九〇年代半ば以降大きく変えられた。

一元化する学校組織の仕組み

一九九〇年代半ばに学校の組織運営にかかわる慣習の抜本的な見直しが行われていった。職員会議の位置づけの明確化である。戦後わが国の学校教育は、教職員の質によってかろうじて支えられてきた。大きく言えば、教師はそれ相応の適切な判断のできる存在であると同時に、行政が求める施策にストップをかける役割を果たしていた。本来は、煙たがられる存在を組織の内部に宿していること自体が学校の組織としての健全さの証でもあった。いや、学校組織に限らないのかもしれない。しかし、これも「スピード感のなさ」という学校の非常識例としてしばしば引き合いに出され、改めることが求められていったのである。

手始めに、職員会議は議決機関ではなく、校長の決定した事項を報告する場として捉えられていった。これは、職場の停滞要因を取り除く「是正指導」という名の「粛清」にも連なる「健全化策」の一環として進められた。さらに、教職の職位のタテの秩序の形成が企てられ着実に実行されていった。これらはさまざまな意見と要求を発する保護者への対応という側面もないではない。しかし、重要なのは、教育の経済化・民営化の手助けになるような改革として実施されたという側面である。

学校教育法施行規則や地教行法が改められ、校長の権限は相対的に大きくなった。しかし、学校管理規則の制定などの権限は設置主体の教育委員会に依然として残されていた。間違った対応のないようにという保身のゆえに、校長は行政の意向をうかがいながら、瑕疵のないように三年程度の当該校着任期間を乗り切ることを第一目標とすることになっても不思議ではない。とはいえ、校長の目標設定の権限は非常に大きいと信じられてい

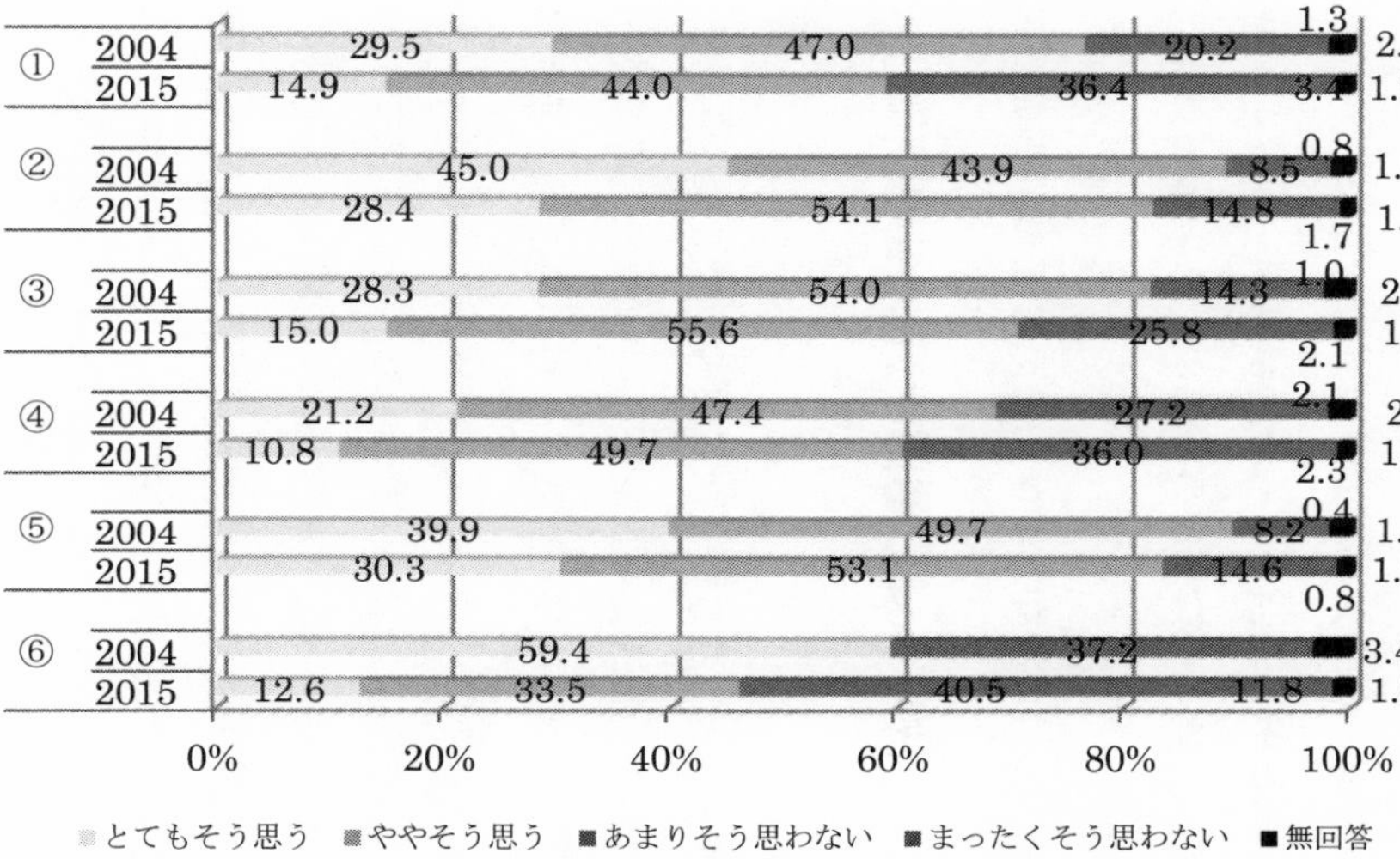

図３　「自律性」意識の変化（教員）

①学習指導要領にとらわれないでもっと自由に教育課程を編成できるようにしてほしい
②研修の場所を教員がもっと自由に選べるようにすべきである
③学校管理規則をもっと柔軟に運用できるようにしてほしい
④個々の教師を信頼してもっと教師の自主性に任せる仕組みに変えるべきである
⑤学校の予算執行がもっと柔軟に行えるようにしてほしい
⑥給与が多少減っても教師として成長するために使える時間がほしい（2004は「はい」「いいえ」、2015は「とてもあてはまる」「ややあてはまる」「あまりあてはまらない」「まったくあてはまらない」の％）

出所）全国高校校長・教員調査（2004年・2015年）による（菊地　2015）。

る。しかも高校等において、このトップダウンの意思決定の動きがこの一〇年余りでさらに加速されてきたのである（菊地　二〇一五；二〇一九）。

総じて言えば、地方分権化の動きと教育予算の縮小化が重なることで、却って行政の一端としての学校という位置づけは強化されたのである。実際、この傾向はここ十余年で急速に進んでいった。校長も教員も、さまざまな次元で自律性を尊重する意識を劣化させてきている（**図３**）。全体としてはまだまだ専門職性を維持する意識が強いものの、この期間の変化は大きい。しかも、一般教員の中で自律性意識の弱体化が目立つのは、ミドルリーダーを期待されている中堅層なのである。若年層よりもむしろ見劣りする状態である。多忙化と組織運営にかかわる業務がかれらの方に重くのしかかり、かつ、かれらの姿を見て若年層は未来への展望を失う、そんな悪循環に陥っているのである。

あわせて、学校組織の動きを軽くし加速させるために、二〇〇八年に主幹教諭が制度化された。自治体によって呼び名は異なるが、校長（あるいは、副校長や教頭）と「平場の教諭」をつなぐ中間管理職として位置づけられてきた。管理職に進むための第一歩でもある主幹教諭になりたいと考える教諭が極端に少ないという状況が、この制度化の問題性を如実に表している。たしかに、学校運営の実質的なかじ取りを担う可能性もあるが、往々にして調整役にとどまり、定まった事項を「下ろしていく」という役割に徹する場合も少なくない。多忙化など職場の条件が整わない学校ほど、この傾向が強まると予想される。

目標管理方式と教職のライン化

この組織構造の変更とともに行われてきたのが、教員の人事考課制度の見直しである。従順な教員をつくるためには、常に権力の答えに合わせるような思考を習慣づけるのが適当である。そこで採用されたのが目標管理方式の人事考課である。この方式は、一九八〇年代後半〜一九九〇年代前半にもてはやされた民間会社のやり方に他ならない。東京都がまずは文部科学省の意向を先取りして導入を決めたことはよく知られた話である。

まず、校長が学校経営目標を決める。数値目標やパフォーマンス目標などに切り分けたりもするが、組織として一元化されていることに変わりはない。この学校目標にしたがって、個人目標を各教員が設定する。その個人目標をどれだけ達成できたかを中間評価と年度末評価として各自が評価していく。その際に、授業等を観察した教頭等が評価の妥当性を確認し、年度の後半に向けて各教員に修正を求めていく。年度末には、最終的な評価者である校長が一連の自己評価を学校経営責任者として評価する。一般的なやり方はこのような流れである。いずれにしても、教員の人事評価の改革が評価の網の目をタテのラインでつないでいったところが最も重要なポイントである。

もちろん、個々の授業のふりかえりは、とくに生徒たちの声に耳を傾けるものであるなら一定の意義はある。あるいは、同僚の目から自身の授業等を見てフィードバックをもらうことで自分を変えていくきっかけにもなる。最近ではダイビングの指導方法に準えた「バディシステム」などを導入するなど、同僚同士の学び合いも盛んになっている。しかし、教師同士の学び合いにとってこのタテのラインの構造が不可欠であるとは一概にはいえない。

先にみたように、学校目標自体がどこかで決められる場合、本来あるはずの各教員の目標設定とのズレが消し去られる。校長の見え方と自身の意見を照らし合わせ、校長の方に合わせることが日常のふるまいとなる。さらに進めば、異論を口にすることをためらう空気がつくられていく。このことは、職員会議の位置づけの変更・明確化と併せて実施されるとき、父権主義的な学校文化を助長することにつながりかねない。言葉を呑み込む教員が主体的・対話的で深い学びを…とはじつに奇妙な話である。

新自由主義の改革は、国家が個人をコントロールする存在であるという前提でものを見る近年の新保守主義の傾向と連なっている。私たちは、いつしか従順な身体を身に付け、飼い馴らされ、異論をはさむことで場を遅滞させることを避けるようになる。まさに、違った意見は語られず、「他人事≒自分事」を稼働させていくエネルギーを吸い取られていくのである。共通の関心を持ちながらも出入り自由で複数の声が大切にされる「公共圏」（齋藤二〇〇〇）とはほど遠い実態がある。それにしても、実に巧妙な統制過程である。

多忙化する教員社会の現実

新自由主義の教育改革が進む中で教員の多忙化が一層深刻化してきている。日本の場合、教育費の公的負担が小さく、教師一人あたりの児童生徒比は先進諸国の中でも突出して大きい。実際、TALISというOECDの調査でも、前回も今回も一貫して日本の教員の就業時間は桁違いに長いことが明らかになっている（国立教育政策研究所　二〇一九）。前回調査と変わらず、他の先進国に比べて、間接業務あるいは本来本務ではない活動に従事する時間が飛びぬけて長い。これに世界でも珍しい部活動の重い負担がのしかかる。これらの傾向は依然として変わっていない。

筆者の実施した二時点間の時系列調査でも、とりわけ平日の勤務が「一二時間」を超える中学校教員の割合がこの一五年で倍増した。いわゆる「過労死ライン」に該当する教員がおよそ半数を数える異常事態である（**図4**）。高校も中学校ほどではないが、この層が倍増している点では共通している。

周知の通り、一九六〇年代後半〜一九七〇年代前半にかけて、教員の待遇があまりにも低劣であることが問題視され、国際的な流れに乗って専門職化を目指した処遇の改善が行われた。その際に算定した教職調整手当（本

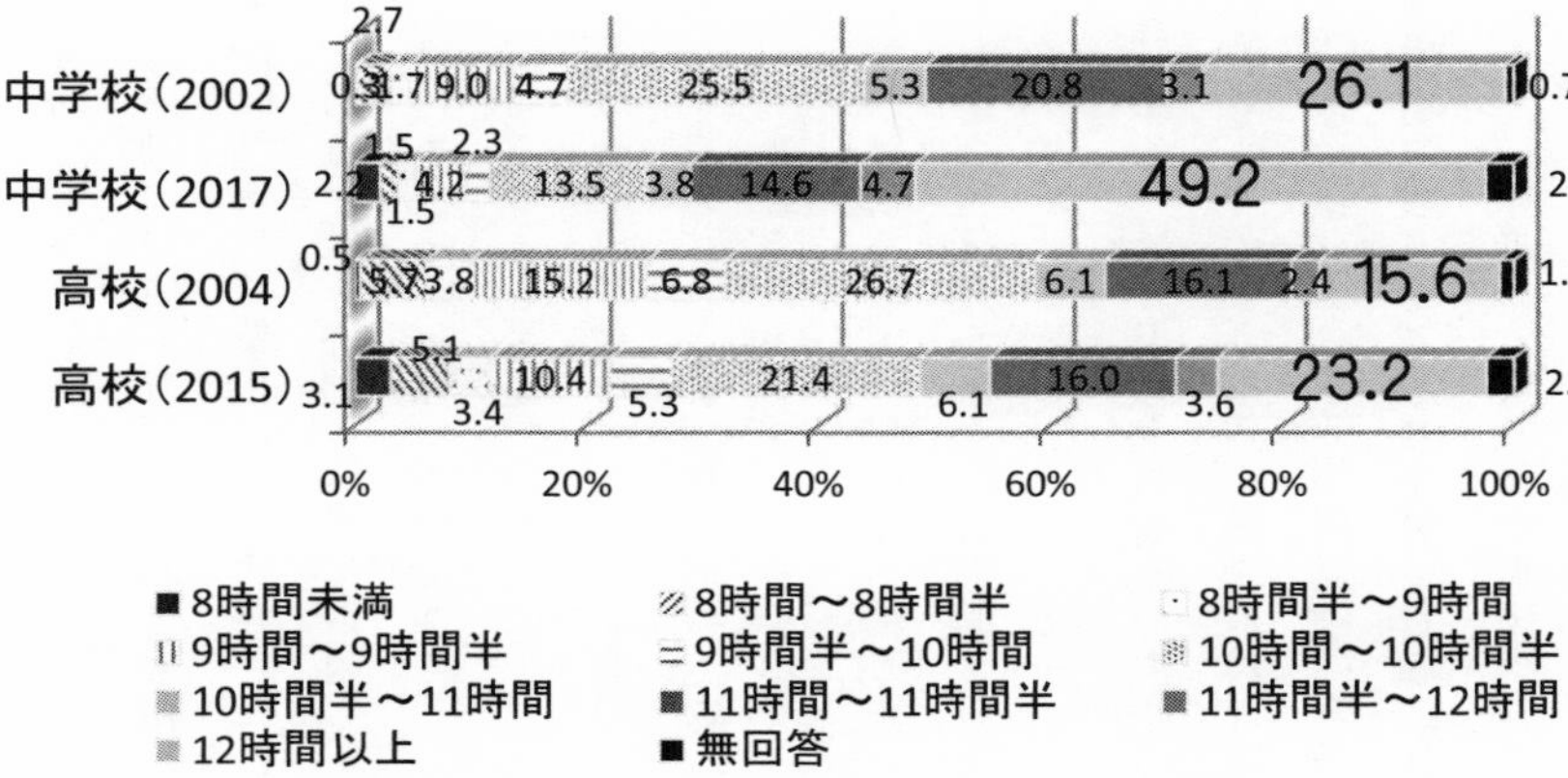

図4　勤務時間（平日）の変化（中学校・高校別）

出所）全国高校校長・教員調査（2004年・2015年：菊地　2015）および全国中学校校長・教員調査（2002年・2017年：菊地 2019）より。

給の四%）を超過勤務時間が当時の一〇倍を超えた現在まで手付かずのままであったというのは驚きである。多忙化問題はまったなしの状況にある。私たちの分析によれば、とりわけ強く勤務時間を押し上げている主な要因は、一般事務と部活動の二つである。この業務は、他国と比較して際立って異様な光景として浮かび上がってくる。

まず、一般事務に関していえば、学校の自律性が実質的に認められず、学校は学校で責任の所在を教育行政に預けることによって保護されるという互恵関係が背景にあるのではないか。また、現実には校長はさまざまな文書の提出等を法律の許す範囲で拒否することができるにもかかわらず、このことを実行するにはなかなか勇気がいる。とりあえず「下ろして」おけば無難であるというのはどこの組織でもみられる。が、学校の場合は間接業務の業務量の増大が直接業務の質を阻害するところまで来ているので深刻である。校長は、教職員の職務を適切に管理し、長時間業務にならないように充分に配慮する必要がある。その一方で、本質的に重要な業務に焦点化することもまた必要である。

部活動についても、本来的な業務とは言えない活動が教育活動の重要部分を占めるかのようにみなされている。部活動指導は残業相当の四業務には含まれていない。ノー部活動デイなどを設定したり、活動の時間を短縮したり、あるいは、外部指導員に担当してもらうなどの対応も採られ始めてはいる。他方では、「マッチョな」つまり、他者性を欠いた感覚で指導にあたっていることがベースにあることで、この部活動文化が学校の内側から維持されていることも否定できない。

もう一点重要な特徴としてあるのが、教職の部分化・断片化である。課題ごとに、つぎはぎ細工のようにパートタイムのさまざまな職種がつくられてきた（「多職種（間）連携」という都合のよい言葉があるが…）。フルタイム専任教員の加配が望めないと信じ込まされている状況の中で、次善の策としてパートタイムのスタッフを受け入れる。状況が状況なので、猫の手も借りたいということかもしれない。しかし、多忙化と教職の部分化・断片化によって教師と生徒のかかわりも切断されがちである。これをつむぎ直すにはさらにプラスの時間をかけなくてはならない。分散した責任という状況下では、往々にしてそれを埋め合わせるための会議を増やす方向に進みがちである。あるいは、書類上の情報で生徒のことを「わかった気になる」こともきわめて危うい。形式主義がはびこり、だれも生徒の小さな声を聴き取れない状況を私たち自身が選び取っている、いや選び取らされているのである。

残業とみなされる四業務以外の教職のほとんどの時間外労働は、本人の自由意思による居残りとみなされ、当該時間の過労死にも労災が認められない状況が一般的となっている。ようやく世論が関心を持ったのは、教師ではなく、電通の女性社員の過労死自殺の報道を受けてのことである。教職のしんどさがまさに他人事化され放置されてきたといってよい。二〇一七年六月、文部科学大臣は中央教育審議会に「教員の働き方」についての諮問を行い、二〇一九年一月に答申を行った（中央教育審議会　二〇一九）。勤務実態調査のデータと団体等のヒアリングをふまえた議論の結果出された報告書には、踏み込んだ提言を行っている部分もある。

しかし、以下の四点に課題が残る。第一に、文部科学省が教師の職務の守備範囲の定義を行い、学校と地域の連携の起点・つなぎ役になるように…とのそれぞれに間接業務を増やすような筋違いの提案を行っている。これは、旧来的な考え方の延長線上にしかない。第二に、その当然の帰結ではあるが、先に述べた間接業務とも言える一般事務（その多くは官僚制や消費者主義が生み出すものであるが）の増大の大きな原因のひとつがすっぽり見落とされている。そればかりか中央の方針や管理職のリーダーシップに従うという一方向の関係性のみがさらに強調されている。第三に、勤務時間というモノ化され数量化された近代の時間がまさに問題にされているにすぎず、対話的関係をはぐくむ視点がそもそも欠けている。第四に、報告書の冒頭部分でとくに目立つのであるが、いわゆる「自己責任」とも言えるまなざしである。とくに、若手教員の「能力」の不足によって仕事の効率化ができていないかのごとき主張が色濃く出ている。最後に、一年単位の変形労働時間制（つまりは、長期休暇中と他の就業期間との勤務の割り振りによって総時間を抑制する方策）を導入する余地を残した点である（出来レースとして、二〇一九年一二月に「改正給特法」が成立し、二〇二〇年度からの導入が決まった）。いずれも実践の現実を素通りした議論である。

端的に言って、「他人事≒自分事」というプロセスが発動しない構造を上塗りしているのが現状である。厳しいグローバル競争の存在があると不安を駆り立て、子どもたちの「力」を多面的に伸ばすマシーンの中に教師を落とし込んでいく。ちゃんと仕事をすればするほど子どもも教師自身も生産性を上げるための機械になる。しかもそれは決して緩やかな営みではない。市場化しているように見せて、実はさまざまな規則が張り巡らされ、その規則につき従うための事務作業に忙殺され、力を奪われてしまっているという状況がある。「役に立つ」研究や教育産業や批判精神を欠いたメディアなどがこれに乗っかり煽っていく。この点はまさに、デヴィッド・グレーバー（二〇一七）が「全面的官僚制化」として鋭く本質をえぐり出している通りである。こうした構造的な病が、日本の教育界を支配するにいたっているといってよい。

「他人事≒自分事」を見失わされた教育と社会の病

これらの新自由主義と新保守主義がベースにある状況で、対応策としての形式主義が横行する。そして、肌理を失った「総平均としての功利」を重視し、生徒の声をふまえる余裕のないままに対応がなされていく。最終的には、だれかに決めてもらえばよいという意識が父権主義を支えることになる。

新自由主義は、しんどさをかかえる他者との関係性が断片化されるという点で「他人事≒自分事」を阻害する。新保守主義は、国家と個人の関係に表れるような一方向的な作用によって個人を切り分け、「他人事≒自分事」を阻害する。形式主義は、保身と無謬性を前提とすることから無関心を蔓延させ、問いを奪うことで「他人事≒自分事」を阻害する。功利主義は父権主義と手を携えて、互いの声を聴き合い揺さぶられるという関係を劣化させることによって、「他人事≒自分事」を阻害する。いずれにしても、デフレ化の日本を席巻しているこれらの趨勢は、他人事を自分事とすることを困難にしているのである。そして重要なのは、今度はこのことがさらに四

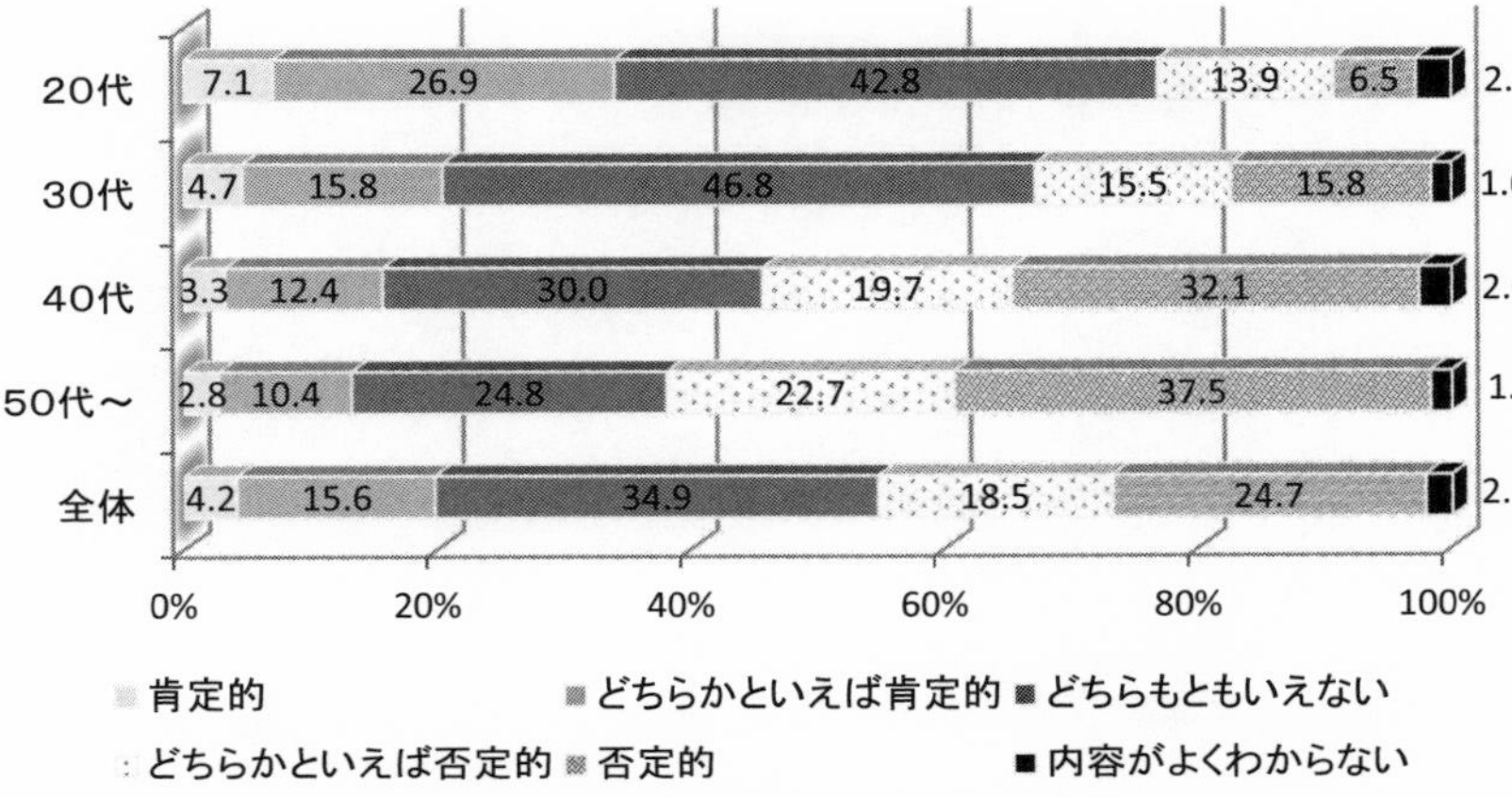

図5　教育政策の評価と教員の年齢

注)「悉皆学力テスト学校別平均点公表」についての回答。 p <.001 で有意。
出所) 全国中学校校長・教員調査（2017 年：菊地 2019）。

つの趨勢を再強化しているということである。

つまり、ハイモダンに支配され、かつ、日本においてはデフレの経済政策の前提が誤っていたこととあいまって、人間を育てないことを特徴とする場があちこちに広がってしまったのである。実際に、若い教員ほど現状維持的な意識を抱く傾向が強い（**図5**）。適応するのに汲々としているという実態があるのかもしれない。あわせて、ハイモダニティの中で社会や他者に自らを開いていく意識が摘み取られていっている可能性もある。いずれにしてもこのままの年齢構成と役割規定においては、内側から組織を変えていくというダイナミックな動きを期待するのはきわめて困難である。

教育に限らず、この二十余年の政策は負の循環をさらに悪化させるものであったといってよい。新自由主義・新保守主義・形式主義・功利主義は、いずれも既存の規則を内面化しない当事者を少数化し管理し、かれらを他者化して切り分けつつ包摂するように作用していったのではないか。

したがって、別のイデオロギーやシステムを持ち込んでも本質的な課題解決にはつながらない。なぜなら、当の他者化を支えているのも私たち自身だからである。かといって、自己啓発的な心がけを変えるだけでも事態は変わらない。次章では、「他人事≒自分事」を阻害する要因をさぐってみたい。

2 「他人事＝自分事」を阻むもの——近代の正体をさぐる

奇しくも一九六八年は、死と再生の一年となった。私自身のことである。小さいころ、代々受け継がれてきた農家の後継ぎにはどう考えてもふさわしくないほどの虚弱体質だったと聞く。天から借り受けた身体は決して頑丈ではなかった。保育所一年のみの準備期間を経て小学校に上がらなければいけないというストレスもあったのかもしれない。ちょうどこの年の早春、自家中毒という奇妙な病に罹り医者の誤診も手伝って重篤化し、救急車で搬送された。「瞳孔が開いてるっていわれたんよ。」付き添ってくれた母親から笑い話のようにそう聴かされたこともある。個人的な想い出話を長々とすることはしないが、奇遇なことに一九六八年という年は、世界にとっても死と再生として語るべき一年となるはずだった。もちろん、この星に生きる多くの人たちは一日一日を生きるのに精一杯であり、「死と再生」などと評論する余裕などなかった。

一九六八年という問題──境界は超えられたのか？

時代の境界をまたぐ重要な出来事が一九六八年前後に世界中で同時多発的に起こった。社会哲学者、今村仁司は鋭くこう指摘する。

「…『パリの五月』と『プラハの春』は、一方では資本主義社会に対する告発であり、他方では社会主義社会に対する告発でもあった。これが六八年革命のもっとも重要な構成要素だが、パリとプラハという二つの都市が、ほとんど同時に共通の意識と自覚とメンタリティーを持って、二つのシステム両方に対する批判を行ったことにこそ、なにより重要な思想的意味があるのである。つまり、『パリの五月』と『プラハの春』は、批判の相手として腐敗堕落した資本主義と社会主義を持ち、体制の中心として居座っていた国家権力と経済的な権力を、両者がほとんど同じ意味合いにおいて突いたといえよう。したがって、歴史哲学的観点からは、パリとプラハとは別々のものではなく、同一事件の二つのあらわれと見たいのである。」（今村　一九九五　五頁）

文化大革命しかり、ヴェトナム戦争しかりである。軽々しくも死と再生と呼んでしまったが、これらの出来事によって累々たる死者を出すことになった。夥しい犠牲者を出したにもかかわらず、かれらが蘇ることはなかった。それだけではない。世界もいまだに再生してはいないのである。葬られたのは個々の善良なる市民であったが、権力の源泉たる構造そのものはしたたかに生き残ってきた。それにしても、当時はまだ、イデオロギー論争が盛んだった時代である。正義と不正義が此岸と彼岸ではっきりと切り分けられ、たいていの場合、相手側を不正義だと断じこれを敵として痛烈に非難した。権力を切り裁いたその同じ人たちが、粛清の名のもとに「仲間」に手をかける事件はお茶の間にTV放送を通じて「他人事」として届けられた。イデオロギーの違いを超えて、近代なるものの思考様式に支配された正／邪の言説が依然として色濃く投影されていた時代である。

このことは、今村自身が、近代は世界中に広がり「南」を包摂してようやく終焉すると看破したように、世界中がますますモダニティなるものに毒されてくる予兆のような出来事だったのである。決して正義が勝利したのではなかった。最も典型的には、中国の官僚主義と資本主義と父権主義がないまぜになった歴史的変化が最も雄弁に構造の「したたかさ」と権力の「あざとさ」を示しているようにも見える。正義として語られたイデオロギーは、まさに資本主義を増殖させるツールとして巧妙に利用されている、そんな逆転現象があちこちで起こっているのである。もちろん、中国だけではない。言ってみれば、近代なるものを内包した世界システムが、私たちの生活世界を覆っているという現実がある。それは、「正義の証」である戦後の国際秩序にしてもそうである。まさに、国際機関そのものもある種の管理・規則を煩雑化させることで全面的官僚制化という性質を帯びている(グレーバー　二〇一六)。また、グローバル経済なるものが現在の秩序の「偏り」をあたかも中立で他の選択肢を想像することさえできなくさせる一因となっている。人類にとって死への一本道が用意されているかのようである。

資本主義と社会主義がともに暴力性と抑圧性に無自覚なままであるのは、私たちの社会がモダニティによって成り立っている一方で、モダニティの限界性について失念してしまっている(当然視してしまっている)からである。

もちろん、近代化（modernization）は物質生活を豊かにし、基本的人権を市民に与え、さまざまな抑圧から解放する機会を提供してきた。科学の発展やテクノロジーの開発も、人間中心主義の思考と因果論的見方なくしては、これほどまでの劇的な変化をもたらすことはできなかった。この点は否定できない。しかし、社会がシステム化され、暴力が個別化され、権力が正統化されるために、容易には取り払えないモンスターを私たちは私たち自身の行いによって生み出してしまった。まさに近代という「パンドラの箱」は開けられ、近代国家が成立して以降私たちの文化と身体に深く根ざし無意識裡に沁み込んでしまったのである。だからこそ、人々は人間の傲慢さを拭い去ることができず、イデオロギーの違いの方が過剰に大きな違いに見えてしまうという闇を抱えている。結果として、私たちの社会は連綿と続く差別と抑圧、憎しみと暴力の連鎖を生み出してしまったのである。

では、近代（modern）もしくは近代性（modernity）とはいかなるものであるのか。小さな子どもたちも親しんだ、あのファンタジーから始めてみよう。

近代とはいかなるものなのか？

ファンタジーとは、空想小説である。私たちの想像力を掻き立て、当然視しがちな日常世界を俯瞰することで、「いま」という時代が絶対的な世界ではないことを認識させるための有効なツールである。すぐれたファンタジーは、単なる絵空事ではない。私たちが現に生きているこの世界と一定の重なりを意識して創作されていることが多い。ドイツの人智学思想家ルドルフ・シュタイナーの世界観をベースに書かれた物語『モモ』は、最も的確に近代なるものを浮かび上がらせている不朽の名作のひとつである（エンデ　二〇〇五＝一九七三）。

『モモ』は小学校でクラス劇の題材として用いられることも多い。読書離れの傾向が著しい子どもたちにも案外読まれている。小さな子どもたちにとっては、不思議なストーリーの勧善懲悪物語である。しかし、実際はそうではない。私たちのものの見方や生き方に潜んでいる罠を見事に浮かび上がらせる秀逸な大人向けファンタジーなのである。

孤児院を抜け出した少女モモは、円形劇場の廃墟に住まうことになる。あらゆる点で「小さくされた存在」がモモなのであるが、そんな彼女だからこそ、大きな物語で埋め尽くされようとしている社会そのものの危うさを敏感に感じ取ることができる。社会に染まっていないがゆえの芸当である。モモと街の人々が出遇う「円形劇場の廃墟」という設定にも意味がある。円とは完全かつ不可思議な形である。円はすべての人たちが視界から消えないことを可能にする。まさに対話的関係を保障する場である。「廃墟」になっているということは、対話的関係を失ってしまった私たちの社会を象徴しているようにも見える。かつて栄華をきわめた文明が滅びへの道を歩んでいったまさにその場で、モモは街の人々と出遇い、縁を結んでいく。もちろん、円は不合理的な形でもある。つまり、たくさんのものを隙間なく詰め込むにはやたら無駄の多い形でもある。たとえば、学校の教室を想い起してほしい。丸い教室に四角い机を配置しようとすると大きなデッドスペースができる。できるだけたくさんの子どもたちを収容しなくてはならない学校の教室は四角形と相場が決まっている。この舞台設定には、余白やゆったりした時間を大事にしないことの弊害が暗示される。一見不合理な無駄を削っていったところに、まさしく近代が立ち現われるのである。

無駄な時間と空間を慈しみ、じっくりとかかわっていた街の人々に、ある変化が起こり始める。策謀を企てたのが「灰色の男たち」である。灰色というのは、色を色として重ね合わせるときに生まれる生気のない淀んだ色である。あるとき、灰色の男は床屋のフージーさんのところに現れる。そして、かれがいかに時間を無駄にしているかを示すために、無駄にした時間を数値化してこれまでの人生の総決算をしてみせる。まさに、灰色の男は、「時間は計算可能な数量である」…ということを体現している。時間を節約し、時間貯蓄銀行に預けさせることで、かれらは時間を葉巻にしてくゆらせ生きていく。計算可能な物理量としての貨幣に還元された「時間＝生活＝いのち」は次第にやせ細っていく。さらに、人間関係までも変質させてしまう。

ケンカをする時間さえたっぷりあった街の人々の生活は一変する。ちびちびワインを飲んで終日楽しんでいた高齢者たちは、儲けにならないからと店から追い出され、子どもたちはといえば学校という均質な空間に収容され、規律訓練を受け始める。遊びが可能であるとしても、大人が勝手にプログラムを組んだものをあてがわれ、「役に立つかどうか」で価値づけられる。耳の聞こえない人と話をすることや高齢者を頻繁にお見舞いすることは、時間の無駄とされるのである。観光案内人のジジは夢をつかんだとたんに、金儲けのための操り人形となっていく。道路掃除夫のベッポは、質問に一日じっくり考えてやおら答えることもある。社会の期待する行動をとらないベッポは、理解不能な危険人物として精神病院に収容される。最終的に、モモは、人間に時間を配る存在（＝マイスター・ホラ）とかれがよこしたカメのカシオペイアの助けを借りながら、灰色の男に奪われた人々の時間を取り戻す。

見えない何かが街中の人々の意識に侵入し、近代なるものは広がり定着していく。もちろん、近代なるものにそそのかされてしまった人々がそう簡単に変わることなどないし、変わってほしくもない…という現実肯定的で冷めた見方もできる。しかし、重要なのは、私たちの内面を支配する何ものかによって私たちの「選択」がじつのところ無意識のうちに予め枠づけられてしまっているということ、そして、そのあり方が人と人との関係性にまで暗い影を落としているという厳然たる事実である。この物語が一九七〇年代前半にヨーロッパで構想されたことは決して偶然ではない。「西」も「東」も資本主義と巨大な権力機構を拡大させ、人々をその歯車として巻き込んでいることへの危機意識への芽生えが物語制作の下支えになっていることは間違いない。

灰色の男が表しているのは、まさに、直線的時間意識が人々を支配する現実である。近代が発明される以前、時間は円環的時間として認識され、生活を枠づけていた。農耕社会においては、天体（とくに太陽）の運行とともに一日一日が円環的に反復された。そこでは、時間を先取りすることなど想像すらしなかったのである。しかし、やがて、直線的時間意識が幅を利かせるようになる。中世に発明された時計は、均質な時間を刻み、先取りして企てることを可能にする（今村　一九九五、参照）。中世商人の誕生である。時間が数量化され、商品貨幣が流通していく。

このことは、現代のマネー資本主義にも通じる。いや、いまやもっと手に負えない状況なのかもしれない。たとえば、利潤・配当・利子・賃料などの資本からの収入を資本の総価値で割った年間収益率＝資本収益率（r）が所得や産出の年間増加率＝経済成長率（g）を上回ってしまっているという歴史的に特殊な状況（ピケティ　二〇一四）においても妥当性を持っているのである。このことは親たちの子どもの成長や発達への異様なまでの関心となり、社会的淘汰のツールを形づくっている（石川　二〇一九、七三〜八三頁）。そもそも近代教育の独占的装置として制度化された近代学校もまた、よほど注意しなければあっという間に「灰色の男」に支配されてしまい、その病に気づくことさえ難しくなる。前章でみたように、すでにこの病は新自由主義のもとで致命的なほどに蔓延してしまっている。

とはいえ、「灰色の男＝他者 vs. モモ＝自分」という二分法で物語を読むと事態の本質を見誤ることになる。そうした読み方自体がモダニティに制御されているといってもよい。モダニティは、資本主義を軸に直線的な時間意識のもと「企てる」ことを内側から強いていく。しかし残念なことに、世界は「一九六八年問題」との向き合い方を誤ることによって、近代を相対化する視点を失っていった。「灰色の男」は人々の意識の中にしたたかに棲息し、一人ひとりを近代へと巧妙に巻き込んでいく。その結果として、私たちは「他人事≒自分事」を身体化・意識化することさえ難しくさせられている。すなわち、「他人事≒自分事」が阻害されているのは、まずもって歴史的に背負わされているモダニティの十字架ゆえなのである。近代は、「他人事＝自分事」（あるいは「他人＝自分」の同一化）という共同体主義（一元的公共性）もしくは「他人事≠自分事」（徹底した個人主義）の二項対立図式を私たちに突き付けてくる。

後期近代あるいはハイモダニティとは？

一九六八年の出来事から半世紀もの歳月が流れた。しかし、いまでも、近代を超克するどころか、さらに歪んだ形で先鋭化させてきているという現状がある。「ポストモダン＝多様性（個性）の尊重」というありがちな認識の水準にとどまってもいられない。近代は流体的近代（バウマン　二〇〇一）という新たな局面を迎えるにいたっている。規範や制度や社会的カテゴリーの流動性が高まり、自明性が揺らいでいるのである。したがって、私たちは後期近代もしくはハイモダニティの問題と向き合わざるを得ない。ここでは三人の社会学者に登場願って、知恵を貸してもらうことにしたい。はじめの二人は、専門知やテクノロジーの役割を意識的に理論に取り込んでいる研究者の代表格である。

一人目は、ウルリヒ・ベック（ベック　一九九七、一九九八）。かれのリスク社会論は、翳りゆく時代の雰囲気を背景にして大きな反響を呼んだ。現代は科学技術が危険をもたらす時代である、とかれはいう。まさに過剰な産業生産に伴う危機がこれまでにない規模で顕在化してきた。とくに、チェルノブイリ原発事故の衝撃はすさまじい。とっくに気づいておくべきことであったのだが、現象が起きて私たちはようやく危うい現実に気づくことになる。まさに、人間の知性と経済社会の限界である。ご承知のように、わが国ではチェルノブイリの惨劇を「自分事」として受け止めることなく、世界最悪の地震国であるにもかかわらず、地方財政の弱みに付け込んで原子力発電所を「他人事」として稼働させ続けた。安全性と生産性への誤った盲信によって、二〇一一年の東日本大震災時の東京電力福島原子力発電所の事故を引き起こしてしまった。東京オリンピックを開催したいがために「アンダー・コントロール」したというが、増え続ける汚染水の処理にさえ困り果てている。故郷に戻れないまま、社会的身体的弱者を中心に多くの命が奪われている。

ほんとうに安全で受益者負担を強調するのであれば、都会の真ん中に設置するはずであった。が、実際には、米軍基地と同様に、危険な施設を安価な労働力を提供する国や地域に配置している。まさに「他人事≠自分事」

を忘れているからこその国家的所業である。ベックの指摘の要諦は、こうした問題が旧来的な生産強化や再配分や社会保障の拡充では克服できない問題であるという点である。まさに、階級状況における危険へのさらされ方と危険状況における危険へのさらされ方とは決定的に異なっているのである。

危険社会での知識は自分の経験からきたものではないにもかかわらず、そのような知識に深く依存せざるを得ない状況に陥っている。そんな抜き差しならない現実がある。また、厄介なことに、ほんとうの当事者は自分にふりかかった事柄を払いのける上で大きな権限も持ち合わせていない。私たちはとりわけ「知る主権」の重要な部分を失っているのである。科学技術の合理性が「経済しか見ない単眼構造」によって支えられることで、このような事態が生み出されているとベックは看破する。

まさに、個人化された生存形態と生存状況が後期近代の特徴として前景に浮かび上がっている。その中で、個々の人間は、自分自身の人生設計と生き方を中心に置くように強いられるのである。個人化は、最終的には、大集団社会の伝統的カテゴリー（社会階級、身分、あるいは社会階層）において思考する際の、その思考が拠って立つ生活世界の基盤を取り壊してしまう。したがって、社会的不平等の先鋭化と社会的不平等の個人化とは、相互に密接に関係しているのである。この結果、システムの問題が、個人の機能不全へとすり変えられ、政治的には問題化されないまま解消されてしまう。まさに、アジェンダ設定と主体の位置づけが根本的に誤っている。それが昨今の状況なのである。

こうして、脱伝統化された生活形態においては、個人と社会とが新たにある種の直接的連関を持つような時代が発生する。また、同時に個人の病と社会の危機が直接的連関を持つという状況が始まるのである。それは、社会の危機が個人的なものとしてあらわれ、社会的なものとしては、ただ条件付きで間接的にしか知覚され得なくなることを意味する。しかも、個人化のらせん型の進行過程は、私的生活単位である家族の中にも入ってくる。新しい社会運動がどのような形態で政治化されるか、それが安定化するかしないかは、脱伝統化され個人化された生活世界における社会的アイデンティティ形成過程に依存しているのである。まさに、個人的なことは政治的なのである。

リスク社会論は、個人に回収しない形で問題を設定する点で興味深いが、リスク自体のあらわれ方が異なる点については語られない。個人がのっぺりとした個人にとどまっている。さらに、社会の再帰性に着目した理論については、もう一人の社会学者、アンソニー・ギデンズの論を参照する必要がある。

不安な時代と個人化する社会

アンソニー・ギデンズによれば、モダニティのダイナミズムは、以下の三つの要素からなるという(ギデンズ一九九三)。

第一に、時間と空間の分離である。前近代においては、時間と空間は場所の状況拘束性を通してしっかりと結びついていた。しかし、近代とともに、特定の場所を前提とした結びつきはなくなり、時間と空間は分離され、現実性を失って空疎化していくのである。第二に、その分離によって可能になる、社会制度の脱埋め込みである。具体的な制度としては、象徴的通標と専門家システムが関係する。これらをあわせて「象徴的システム」と呼んでいる。それは、象徴的通標によって標準的な価値を持った交換メディアである。典型的なメディアが、貨幣である。貨幣は時間と空間を括弧に入れる。他方、専門家システムは、技術的知識を用いて時間と空間を括弧に入れる。これらは、個人及び集団の心理的安心に直接結びつく信頼を基礎に置いている。第三は、再帰性を特徴とする脱埋め込みメカニズムである。これは、広範にわたる日常社会生活での相対的な安心を可能にするものである。社会活動及び自然との物質的関係の大半の側面が、新たな知識や情報に照らして継続的に修正を施されやすいことを示すのが、脱埋め込みメカニズムである。しかも、脱伝統的秩序のもとでは、自分自身を積極的につくり変えていく自己の再帰性が求められる。自己啓発やある種のセラピーに人々が心を奪われるという大衆的現象はこのことを如実に表している。こうして個人化のメカニズムが生まれる。このことは、通常の日常生活を「狂気、病気と死、セクシュアリティ、自然」といったものから隔離することにもつながる。経験の隔離は、まさに「他人事＝自分事」を妨げるシステムの一例と考えることができる。ハイモダニティのもとでは、往々にしてこれらの現象が生まれていくのである。

たしかに、ギデンズなど後期近代論の「現状分析」は的を射ている部分も少なくない。たとえば、近代の発展系としてのハイモダニティを「モンスター」として自己の外側の問題として認識するにとどまっていない点は評価できる。私たち自身も当事者として乗り合わせているという意味を込めて、「ジャガノート（超大型長距離トラック）」として表現される。それは、「人類が団結してある程度まで乗りこなすことはできるが、同時に突然操縦が効かなくなる恐れもあり、みずからバラバラに解体しかねない、そうした巨大出力エンジンを装備して疾走する車」（ギデンズ　一九九三＝一九九〇、一七三頁）なのである。構造化理論から再帰性へと社会理論を展開させたギデンズらしい的を射たたとえである。が、かれの議論は、構造（規則や資源）がどのように支えられ再生産されているかを説明してみせる点に重点が置かれているにすぎない。ハイモダニティを前提とする議論は往々にして「不可避的」に生まれるという読み替えに転じ、研究者自身がシステムの一部に都合よく組み込まれているようにも見える。操縦すると言いながら、それに組み込まれていることを強調することに終始しており、議論の出口が見えない。結局のところ、近代批判の牙を抜かれ、分析すればするほどにまさに「他人事化」していくことを証明しているようなものである。

しかも、専門家システムなるものもこれに加担しやすいというのは、筆者に言わせれば欺瞞に満ちた構えに映る。議論自体が新自由主義をグローバルに支えるアングロサクソン的思考に流されていることも関係しているかどうかは定かではないが、ひとつ気になるポイントがある。それは、ポストモダニティの議論の中で異質な他者がほとんど現実の姿として浮かび上がってこない点である。まさに、かれらの議論の立て方それ自体がハイモダニティの理論を「裏づけている」といってよい。少し踏み込んだ言い方をすれば、専門家の保身の理論（知）へとすり替わっていく危険性を孕んでいると私は見ている。

いずれにしても、自己に回収される言説は、結局のところ解放の政治学とはなり得ないのである。新自由主義は能力主義を創出しつつ、他方で、能力主義によって支えられてきた。ギデンズでさえも、（いや、アングロサクソン的な思考にとどまっているからなのかもしれないが）どうしても超えられない何かがあるように見えてならない。ほんとうに深いところで、「他人事≒自分事」が理解されていないのである。もはや、研究者自身が自ら一歩踏み出さなければ、あるいは、境界を身体ごと超え出て揺さぶられなければ現実社会の問題を指摘しようが構造は微動だにしない。ここでは、自分をぐらせるということがなされておらず、学び（の主体）の視点が抜け落ちている。あわせて、経済・政治・文化の諸領域が分節化されて捉えられておらず、グローバル化する社会の中での各領域の自律性を見落としてしまっている。サブ政治（ベック）も対話型民主制（ギデンズ）も実践にとどかない議論にとどまっているようにも見える。

他者化と包摂的排除

バウマンのいう「液状化する近代」、つまり、規範や制度や社会的カテゴリーの流動性に彩られた時代の中で、個人は文化と諸制度の埋め込みから解き放たれたという感覚を持つ。価値の多元主義が信じられることによって（取るに足りない差異ではあるが）、別の選択があるのではないかという意識を抱かされることになる。つまり、「選択と自由」という神話である。しかし、この変化は出口のない存在論的不安を掻き立て、結果的にアイデンティティの基盤をますます揺るがしていく。その意味では、これまでなかったような「発展と自己発見の物語を求める時代」に足を踏み入れているのである。ハイモダニティを語る議論がよって立つ現実分析の最大公約数はこの一点に収斂している。

しかし、この先が最も重要な分かれ目である。三人目の社会学者に登場願おう。ジョック・ヤングである。現代社会についての認識をふまえて、ヤングは「他者化」という概念を設定する（ジョック・ヤング　二〇〇八＝二〇〇七）。現代を生きる人々は、文化本質主義に影響され、他者に否定的な属性を投影し、そうすることによって自分自身にとっての肯定的な属性を保とうとするという。これは、ポール・ウィリス（一九九六）が『ハマータウンの野郎ども』という秀逸なエスノグラフィで描いた光景と重なっている。つまり、中等学校《セカンダリーモダン》の労働者階級の子弟たち（＝野郎ども《ラッズ》）が、耳穴っ子《イヤーオールズ》に代表される中産階級文化と自身のマッチョな工場文化を対置するプロセスを強化し、保守的な見方によってかれらと自己の間を隔てていくのである。他方では、他者には自分たちのような素質や美徳が欠けているとみなす他者化もある。「環境が改善されれば私たちのようになれるのに」という上から目線のリベラルな他者化である。こうして、「われわれ」と「かれら」は大きく隔絶されていく。このことに、学問が修正を施す役割を果たしているかと言えばそうでもない。一見中立的に見える社会科学等の実証研究は、その対象から距離をとって、社会関係を洞察しないままにひび割れをつくり出し、「客観的に」分析を行ってしまう。「かれらの抱える問題はわれわれが共有する問題ではない」という排除のプロセスを伴う政治学がここには存在するのである。この点はきわめて重要な指摘である。

ヤングは、後期近代の眩暈（めまい）や不安に対してこのような他者化によって対処しようとしている現代社会の実態を見事に描き出している。しかもそれは単なる社会的排除ではなく、大規模な文化的包摂と系統的かつ構造的な排除が同時に起きる中での、いわゆる「過剰包摂型社会」なのである。大衆教育や福祉国家、刑法システム、あるいはマスメディアが包摂しつつ排除する制度として機能しているという。しかも、私たちがマスメディア、テレビやネット情報に受動的にさらされる時間は年々増加している。ひと昔前なら小さなコミュニティでなされる陰口のようなスキャンダル話までもが、公共の電波やネットツールを使って「さらされていく」。まさに、攻撃されない匿名性の安全地帯から、排除された人々のネガティブ情報をまき散らすことにどれだけの労力と時間を使っているか測り知れない（他者化の典型例としてのヘイトスピーチ！）。質悪な政治的広報活動もしかりである。こうして、他者を道徳的に断罪しつつ、他人事として伝えていく傾向はますます強まっている。

排除された人々は、つまり、本質主義的に（もともと身につけている資質等が違う存在として）「他者化」された人々は、自身を別種の強さ（たとえば、男らしさ＝マスキュリニティ）などに頼るか、あるいは、社会的に定義された「弱者」として自己規定していく傾向に陥りやすい。このように他者を生み出し、相互に人間性を奪い合うプロセスがハイモダニティのもうひとつの側面として炙り出されていく。時代の闇と向き合っている点で、ギデンズらの議論とは一線を画している。

この他者化のプロセスは、単に社会心理学的なレッテル貼りの問題にとどまるものではない。むしろ、再配分の問題、つまり経済問題があたかも社会心理的な問題であるかのように、あるいは道徳の問題や教育の欠如の問題であるかのように粉飾されてしまっている点がきわめて重要かつ深刻なのである。

ヤングの議論は、筆者のいう「人間と社会の限界性」（後述）から立ち上げられた議論という性質を相対的によく含み込んでいる。したがって、「他人事⇔自分事」という枠組みに一定の示唆を与えてくれる。犯罪などの切実な課題から社会の現在を読み解いていくという点において、ベックやギデンズとは根本的に世界の見え方が異なっていたのかもしれない。いわば、研究という営みそれ自体において、現代社会を構成する主体である研究者自身も往々にして「他人事⇔自分事」とどう向き合うかという問いを持つかどうかが理論の性格に大きく影響を及ぼしているのである。

これにかかわって、ヤングも言及しているが、いわゆる「再配分か承認か」という論争が熱心になされている。

これに決着をつけようとする思考それ自体がある種の父権主義に陥りやすい。まずは、関係性の中で居場所（存在承認の在り処）を当事者自身が見出すことはやはり間違いなく尊い。もちろん再配分が重要であることは論を俟たないが、それは社会に責を負うべき（私自身を含めて）大人たちがまずもって自分事としなければならないことである。だれ一人免責されることはない。その意味においては、つまり、語る側が再配分の政治的主体であることを深く認識する限りにおいて再配分の問題はそれ独自に大人として対応すべき事項としてある。しかし、そうであるからといって、学校の役割を承認の観点から問い直すことをないがしろにすることは、子どもたちの生の保障にとって明らかにマイナスである。

「再配分か承認か」という二項対立的な問いを立て、上から目線で安易に決着させたつもりになる前に、新自由主義の何が問題なのかを具体的に同定しなければならない。イデオロギー論争の決着をつけるごとき旧態依然とした議論ではおそらく人々に伝わらないし、現実を変える力にもならないだろう。「言ってやった」という快感ぐらいは残るかもしれないが…。いずれにしても、権力や資源を奪われている状況を取り戻す上では、再配分と承認を単純には切り分けられない。再配分の議論の中には関係性というリソースも含まれるのであって、両方を視野に入れるべきであることは改めて言うまでもない。

これら二つの価値をいわば方法的・概念的に媒介するのが、「他人事≒自分事」であるといってもよい。他者のありようをわかったつもりになることが最も危険であり、有害である。すなわち、「人間の限界性」を抱えた人類として埋め込まれた関係性に立ち戻ることが出発点となる。私たちは、当事者を飛び越えてアジェンダ設定を勝手に行うことがままある。まさに、「勝手に自分事を押し付けられている状況」である。無意識のままに思考を枠づけられてしまっていないか、充分に留意したい。しかも、経済問題と心理社会的問題を混同して議論していることも少なくない。加えて、後にみるように、究極の根っこは経済問題であり財政民主主義の問題である。パイをどの程度まで膨らませるかは、デフレ経済下においては再配分と同様に重要なのである。私たちが問うべきは、いわゆる再配分だけの問題にとどまらない。

「他人事⇒自分事」を難しくしている要因のひとつは、経済条件にあるといっても差し支えない。「新自由主義は避けられないグローバルな趨勢である」という見方が信じられており、近年では、さらに極端なまでの自国中心主義がこれに覆いかぶさってきている。そこで、試論的にではあるが、経済を自分事化するという点に触れておきたい。

グローバル化する経済格差の中で…

恥ずかしい話であるが、学生時代を通じて経済学をまじめに学びたいと思ったことは一度たりともなかった。しかし、現実の社会は資本主義でまわっている。経済の話は取っつきにくいと勝手なイメージを抱き、私自身にとって経済学という学問の扉はつい最近まで固く閉ざされていた。しかし、そうも言っていられないほどに厳しい現実が差し迫っている。「四の五の言っても経済はこうならざるを得ない」という物語に妙に納得してしまい、オルタナティブな物語を想像することさえ難しい。しかも、「他人事⇒自分事」を困難にしているさまざまな経路をたどっていくと、経済の問題に漂着することが多い。

端的に言って、いま経済はきわめて深刻な病に侵されている。たとえば、世界経済に目を向ければ、ピケティの分析が示すように、貧富の格差は資本主義それ自体に内在する自己修復能力を超えた病理を押し広げてしまっている。「r>g」というシンプルな表現は、このことを雄弁に語っている。わずかな富裕層が世界の全資産の途方もない割合を占有しているという現実がある。とりわけＧＡＦＡと言われる新興の巨大企業が地球上の人間や社会の情報を収集・管理し、ビッグデータを駆使して独占的なグローバル企業として際限なく巨大化していく。しかも、この経済格差は年々拡大しており、歯止めが効かなくなっている。具体的には、新自由主義が拡がった一九八〇年代以降、世界の上位一％の所得が世界の総所得に占める割合は一六％（一九八〇年）から二二％（二〇一六年）へと拡大してきた（アルヴァレド他編　二〇一八、八頁）。

これに対して、経済にかかわる新しい言葉や技術が可能性としてもてはやされている。たとえば、ブロックチェーンやシェアリング・エコノミーなど…である。しかし、よくよく考えてみると結局のところ大企業の内部留保の拡大や実質賃金の低下に貢献する動きにつながっていくにすぎないようにも見える。新しいエコノミーや技術が、どれほどの財の循環と再配分に貢献するかを見極めておく必要がある。往々にして、持てるものをさらに富ませるような発想ばかりが喧伝されているふしがある。

この風潮は、ポストモダニティ論者が明確に相対化できていないある特徴との共犯関係を生み出している。教育の分野の変化については前章で確認したが、富の所有が個人の能力と努力の成果であるという神話が多くの人々に内面化されてきていることが経済格差を正統化していることは紛れもない事実である。この神話を反転させたところに「自己責任論」が生まれてくる。たとえば、社会的・構造的に生み出された貧困という切実な課題も、本人の持って生まれた能力のためであり、努力もまた足りないのであるから不利益は本人が甘んじて受けるべき当然の報いであるという認識で片づけられる。この「自己責任論」は、努力もしていない不真面目なフリーライダーが経済支援にあずかるのはお門違いであり、そのことで社会全体の生産性が低下してしまう、よって放っておくとモラル・ハザードを引き起こしかねないというお決まりの流れになる。ここでいう「モラル」の価値がどれほどのものか大いに疑問が残るが、その点はおくとしてもこのような世論はある意味で半ば意図的に捏造され、前近代の悪しき共同体主義的心情によって増幅させられている。自己責任論は、まさに「自分事＝自分事」の世界である。貧困等が構造的に生まれ押しつけられているという視点を故意に捨て去っている。しかも、「失敗」した各人が自ら進んで失敗を自己に帰するようにハイモダニティの社会によって仕向けられていくのである。

ここで、問題になるのが、能力主義というきわめて強固な神話である。しかし、これもまた経済史からみてもある特殊なイデオロギーでしかない。もっと言えば、資本主義に都合のよい幻想である。貨幣が貨幣を生み出す自動機械という性格を色濃くしているマネー資本主義の時代においては、このような心理的メカニズムは不都合な真実を隠蔽するためのまやかしの道具でしかない。

メリトクラシーの神話

いまから六十余年前、イギリスの社会学者、マイケル・ヤングは『メリトクラシー』という科学的未来小説を世に出した（ヤング　一九八二；市野川　二〇一九参照）。かの有名な「ＩＱ＋努力＝メリット」という図式が中心となる社会を描いた未来小説である。イギリス社会は出自による縛りから解放されるかわりに、能力に関する指標であるメリットにもとづく新たな階級区分を成立させていった。身分制社会においては身分の境界によって制度や規範が社会移動を制限していた。近代においてもしばらくは同様であった。しかし、やがて、国家の近代化に伴ってさまざまな社会層から有能な人材を吸い寄せ、教育し、国家に須要なる人材としてしかるべき地位に就かせることがごく当たり前になっていく。貧しい子どもの社会保障という意味ではなく、何よりも国家にとって「才能の社会的浪費」を避け、階級に縛られず生産性の高い社会を創るということが先立っていた。これに応じてイギリスでも中等教育や選抜制度の改革が熱心に進められていく。「中等教育をすべての人々に」というキャッチフレーズのもと、教育の大衆化が実現していく。教育を通した社会移動が平等な社会を実現すると信じられていた時代である。

ところが、ヤングはこのありがちな見方の欺瞞性を見抜いていた。つまり、平等を実現するユートピアとして描かれていた社会が実のところいびつなディストピアであることを鋭く指摘したのである。教育を通して創られた新たな階級は、能力に応じた分配を正統化するだけではない。たとえば、それまでの時代にはランダムにリクルートされていたインテリ層が、たとえば労働組合の幹部から消え去ってしまうことで、政治的な異論が通りにくい状況を生み出すことになってしまう、そんなストーリーを描いている。

ヤングがわざわざ描いたのは、「属性本位」の前近代社会から「業績本位」の近代社会への移行を正統化したかったからではない。近代の枠組みに乗っかり、きちんとした能力評価に基づいて報酬の正当な差別的配分をせよ…という個人主義的モダニストを勢いづかせるためではないのである。なぜなら、私たちに賦与されている能力などというものは、どう考えても自分が生み出したものではないからである。したがって、個人的に所有することを正統化することなどできようはずもない。そうかといって、たとえば、いっとき批判された運動会で手をつないでゴールインするのと同じように、意図的に同じ結果を生み出すように自己調整するというのもごまかしである。問われるべきは、経済報酬の配分をめぐる価値観と現実の論理的整合性にかかわる問題である。私たちは、ハイモダニティ、とりわけグローバルなマネー資本主義によって自分たちの目を曇らせてしまって以降、このことを問い直さないまま済ませてしまっている。

基盤的コミュニズムという物語

いまとなっては、少なくなってしまったオルタナティブな経済の試みが歴史的にもあちこちで見られた。たとえば、わが国で言えば、江戸時代にとくに盛んになった頼母子講《たのもしこう》などはその典型であろう。資金を出し合って、とくに必要な事業のときに出し合った財の中から必要に応じて利用するという、信頼をベースにした試みである。たしかに、そこから逃れることもできないような前近代の共同体の所産であると見る向きもあるであろう。

が、デヴィッド・グレーバーというアナーキスト人類学者が指摘するように、時間と空間を超えて、あらゆる社会システムは、資本主義のような経済システムにおいてさえも、報復的応酬関係とはまったく異なるモラリティが確認できる(グレーバー　二〇一六=二〇一一)。資本主義社会に存在する企業であっても、実際にはその内側ではコミュニズム的に動いているというのである。ここでいうコミュニズムは、単一原理にもとづく集団的所有などを特徴とするユートピア的・神話的なコミュニズムではない。「いま現在のうちに存在しているなにかであり、程度の差こそあれあらゆる人間社会に存在する」(同書　一四三頁)ものである。あらゆる人間の社会的交通可能性(sociability)の基盤となる基盤的コミュニズム(baseline communism)である。「各人はその能力に応じて[貢献し]、各人にはその必要に応じて[与えられる]」というじつにシンプルな原則である。交換でなく、贈与である。企業組織であっても、このメカニズムが作用している限りにおいて、「うまくまわっている」という現実を見て取ることができるということになる。

中小企業でも同じことが言える。「先着順採用」を打ち出し、定年を過ぎても勤めることができるというナノ・テクノロジーの企業(松浦　二〇〇三)、現業労働者の七割を重度の知的障がい者が占めている「ローテク」のチョーク製造産業(大山　二〇〇九)など、数多くの企業が実在する。しかし、こうした基盤的コミュニズムが実現不可能な奇跡として受け止められがちなのはなぜだろうか。デフレ社会においては、需要を創り出すような適切な投資にまわすことなく、株価の上下で泡銭を稼ぎ、せっせと内部留保にあてて安心感を醸し出す近視眼的な企業経営が幅を利かせている。そのまた背景には、後述するような財政民主主義の未成熟があるのだろう。

まさに、貨幣の信用貨幣の側面ではなく、商品貨幣としての価値があまりにも妄信されている。これが現代日本の残念な姿ではないか。それに踊らされることで、「他人事≒自分事」もまた見えにくくさせられている。最小のコストで最大の個人的利益や快楽を得るという経済学の「合理的」人間像によって、特定の関係性を織り成す可能性が奪われており、とくに近年の日本ではこの点での歪みが著しいのではないか。あるいは、経済装置に人間の方が引きずり回されて「仕方ない」と諦めさせられ、経済分野での民主主義の基本を学ぶ機会が奪われているようにも見える。

つまり、話は単なる経済問題にとどまらないのである。社会をどのように編成していくかという社会のデザインの仕方とも深くかかわってくる。したがって、私たちにとって何がプラスなのか、どのような意味で幸せなのかということを勘案しなければ、単純に経済合理性のみでは語れない。この問題に切り込まない限りほんとうは経済問題も解けないのである。経済問題は社会や知の編成の問題でもある。じじつ、経済史の最新のテキストの「次代の構想の試み」を示す締め括りの箇所に出てくるのは経済理論ではなく、意外なことにイタリアの精神病院を全廃した理論的指導者バザーリアの考え方なのである（小野塚　二〇一八、五三七～五三八頁）。

バザーリアの思想と実践

「近づいてみるとだれ一人まともな人はいない。」まさに、至言である。イタリアではこんな見方が人生と社会を豊かにしているようである。これを「人間する」という言葉で表現し、イタリアの精神保健の歴史を丁寧に、かつ本質をはずさないで論じた本がある。松嶋健の『プシコ　ナウティカ』がそれである（松嶋　二〇一四）。文化人類学者の松嶋は、ひょんな出遇いから、イタリアの精神病院のありように興味をもつことになる。かれとイタリアの人々との出遇い方それ自体が、中動態のようであり、理論と実践を往還しながら揺さぶられている。社会科学にふさわしい臨床研究とはこういうかかわり方を言うのだろう。

イタリアでは、一九七八年に精神病院が全廃された。日本では、以前は地域の中で（とくに都市部以外ではその傾向が強いが）精神的な病を負った人々、とりわけ統合失調症の人々は人知れず隔離されて収容されていた。本人も家族も不条理なまでに肩身の狭い思いをさせられたのだろうと思う。共同体主義が支配する地域の中では、かれらがそのまま受け容れられることなど想像さえできない。そんな時代が長く続いた。いまでは、鬱病に苦しむ患者さんが増え（増やされ）、皮肉なことに精神的な病い自体は依然と比べればいくらかオープンに語れるようになっている。が、それでも、「他人事≒自分事」とはほど遠い世界である。

このイタリアでも、精神病院の全廃は勝ち取るための動きをしなければ実現できない難しいハードルが横たわっていた。精神病院における措置から地域保健でのケアへと切り替えられていく上で鍵を握っていたのが、「弱い主体」という人間の捉え方である。つまり、当事者が「弱さ」をかかえたまま出遇っていくという姿である。そこでは、精神科医が精神科医のままあるのではなく、互いに変わっていく関係性を保っている。この関係性は、地域の経済共同体の姿とも重なり合う。また、生産性というものさしでもって障がい者が客体として測定され、排除されるということとはまったく異次元の意味を創り出す。「だれ一人まともな人はいない」という言葉には、「人間の限界性」が思想の中に絶妙に埋め込まれており、かつ、精神病院という機関に収容することへの批判は、「社会の限界性」の認識が前提となっていることがわかる。しかし、私たちは、このような他国の例を見るにつけ、自国との距離が途方もなく遠いことに愕然としてしまう。日本で一部の例外を除いてこのような光景が「普通」にならない背景には、まなざし（もっといえば、偏見）の問題がある。人間や社会をみるまなざしそのものに「他人事≒自分事」を阻む社会的要因がある。しかし、それだけではない。背景としてここでも経済問題を指摘しておきたい。

グローバリズムとデフレ・スパイラルという押しつけられた現実

教育に限らず、さまざまな政策デザインの基礎となる時代分析は、社会のグローバル化を前提とすることがほとんどである。筆者には、アメリカを中心とする経済・政治の流れに巻き込まれることがあたかも当然であるかのごとく語られることに対する拭いがたい違和感がある。経済大国が貧しい国々と対等に歩もうとするというよりも、近年はとくに自国中心主義のロジックで政権の維持に走る先進国首脳が目立っている。しかも、「国益」というマジックワードをぶらさげられると、私たちは思考停止に陥り、あまり品のよくない宰相の言葉であっても鵜呑みにしがちである。

しかし、グローバリズムを社会システムの中で異なるリズムを持つサブシステムをも通貫している金科玉条の前提とみなすことは根本的な誤りである。これは文化の独自性という意味だけではない。むしろ政治的な自律性を侵害されている方が深刻である。たとえば、日米合同委員会の隠然とした大きな影響力があることが戦後七五年目を迎えようとしているいまも変わらないというのは驚きでさえある（矢部　二〇一四）。日本経済もまた国家間の権力装置の中に位置づけられてしまっている。新自由主義が世界に広がっている現実を前に、それが単なる選択肢のひとつであることを忘れてしまう。しかも、市場原理にもとづく公正な競争への幻想が疑われることなく抱かれている。また、これも政治的な誘導であるが、さまざまな公共事業の（まさにグローバルな基準では時代遅れの）民営化が推進されてきている。各自治体の赤字財政の脱却を強いることで、ＩＲ法（＝「巨大外国資本導入によるカジノ推進法」）が成立し、いくつかの自治体が導入を急いでいる。相対的な強者が相対的な弱者を搾取していくという構造が透けて見える。たとえば、個別テーマの民意をめぐって住民投票を実施し、その結果が「否決」を示そうが、住民とは違う方向を見て「ちっとも美しくない」政策が不躾に実施されている。

露骨なまでに外資を導入し株価を釣り上げていくという方向性が目指されているようであるが、経済政策の失敗がどこにあるかは明らかである。それは、この二〇年間のデフレ経済が端的に語っている。世界的にも歴史的にも他に類例を見ない長期のデフレ・スパイラルに陥っているのである。実質的な所得は伸び悩むどころか低下し、とりわけ雇用調整策として設けられた非正規の就業者の割合は一貫して増加している。まんまと労働者は分断統治される。

果たして、「他人事≒自分事」を実現する経済とはどのようなものだろうか。国内経済に関していえば、端的に言って出口は二つあるように見える。以下では、中野剛志『奇跡の経済教室（基礎知識編・戦略編）』等に準拠して検討を加えてみたい。

「他人事≒自分事」を促す経済へ

二つの出口のうちのひとつは、財政を自分事化するための基本的な考え方としての財政民主主義である。日本国憲法第八三条が「国の財政を処理する権限は、国会の議決に基いて、これを行使しなければならない。」と規定しているように、財政に関するコントロールを国民の代表によって構成される国会に委ねている。

しかし、現在では千百兆円を超える赤字財政ということがなぜか長年にわたって意図的に強調されてきた。かつ、経済学者も国家財政を家計になぞらえプライマリー・バランス（ＰＢ）の赤字化への危機感を煽り財政破綻の可能性をちらつかせることで国民をものわかりのよい沈黙の服従者として飼い馴らしていった。こうして、未来への展望も開けない「根拠なき緊縮財政」の方へと党派の違いを超えて国は舵を切ってきたのである。適切なインフレ率は一向に実現しない中で、デフレはつくられ維持されてきた。経営者は安価な労働力を外国から輸入することで急場をしのぐように水路づけられる。その行動がさらに賃金の抑制をもたらしてきたといってよい。考えてみれば、「女性活躍社会」「人生百年時代の高齢者雇用」も「持てる者」にとっては非常に都合のよい謳い文句となっている。なぜならこれらの政策が進めば進むほど、賃金は抑制されるからである。

デフレから脱却するには、まさに自国建て通貨によって国債を発行し、日銀が「万年筆マネー」を駆使して需要を創り出すことが不可欠ではないか。グローバル経済に巣食うハゲタカ・ファンドに餌を与えても経済の翳りは晴れないのである。機能的財政論に立脚して、適度な水準のインフレターゲットに到達するまで積極的な財政政策を展開するしかない。しかも、政策の方向性を国民が適切にコントロールしていくことが大前提である。この財政民主主義という根本理念がＰＢの健全化の名のもとに葬られているというのが日本経済の致命的欠点である。

もうひとつの「他人事⇒自分事」にかなう経済政策は、税金による所得の再配分機能の強化である。明らかに、このデフレ期（とりわけ後半期）の税制は異常であり、これを改めなければ何も始まらない。株の売却益への増税、累進課税の強化、企業規模等を考慮した法人税の累進性の強化、高所得者の年金への課税強化、不労所得につながる相続への課税強化、と同時に、逆進性の強い消費税率の大幅な低下…などを進めていく必要がある。これらの政策は、単に再配分を促進するにとどまらず、ハイパーインフレへの防波堤としても機能することになると想定されている。

他方で、適正な支出と執行の際の規律の向上も欠かせない。それは、フリーライダーというあさましいレッテル貼りのためではなく、相対的貧者がさらにしんどい思いをしないようにという点での「他人事≒自分事」の視点から生まれてくる当然の帰結である。あわせて、地球環境等の人為的な難題を自分事化することでもある。

目指すべき社会像を創る…

日本は、フォアキャストの政策決定を特徴とする社会である(小澤　二〇〇六)。デフレを脱却するためには、三本の矢として雇用機会を拡大すると「お上」が言えばそれを真に受けて頑張る「美徳」がある。あわせて、それができない人についてのまなざしは存外冷たい。あれもこれもと振り回されても、何とかしようとする。そして、悲しいことに身体を壊したり精神的な病を患ったりもするのである。

これに対して、北欧の社会は、バックキャストによって社会政策が創られている。望ましい社会像にとって必要な合理的な手立てを選定し実行していく。あれもこれもではなく、じつにシンプルである。無駄を省き効率のよい政策遂行が実施できることになる。たとえば、街の看板の様子が国の形や社会の成熟を象徴しているのかもしれない。

経済のグローバル化という前提のもとで、生産性をめぐる競争に遅れをとってはならないとあらゆる手を打つ。教育も大きな影響を及ぼしている。この特徴によって子どもたちは疲弊し、「他人事＝自分事」という方向性を発想する余裕さえも失っていく。教師も同様である。想像力が枯渇し、対話が途絶えていくのである。端的に言って、信用と商品(物)と人間をすべて物象化して捉えている点で大きな誤りを抱えている。とりわけ人間の物象化は容易に他者化をもたらす。存在承認と生の保障を実現するためのツールが経済《オイコス》のはずである。しかも、経済そのものをコントロールするのが本来の民主主義である。私たちは慣れ親しんだ父権主義から脱却しなくてはならないのではないだろうか。それは経済をめぐる真の主権を取り戻すということである。

最後に、章を結ぶにあたって強調したいことがある。それは、私たちの学びは経済の道具ではないというあたりまえの、しかし、近代によって見えにくくされてきた前提である。経済の生産性を上げるための道具が学びなのではない。たしかに、人的資本の考え方は天然資源が豊かではないこの国にとって魅力的な考え方ではあった。しかし、それよりも大切なのは、経済のありようの問題点を看破し、「よりよい生をともにする可能性を開いていく営みとしての学び」を上位概念として設定することである。

私たちは、現在のグローバル化と誤った経済政策の犠牲のもとに教育が組み立てられていることにそろそろ気づかなければならない。そのための手がかりが「他人事＝自分事」の視点から学びを見直していくことである。デフレ・スパイラル期と重なっている「失われた二〇年」…。本章では、前章でみた新自由主義の教育改革の「いま」を形づくっている根っこを浮かび上がらせてみた。では、これまでの考察をふまえてどのような出口を探していけばよいのだろうか。次章では、上位概念としての学びをどのように位置づけていくことができるか、試論的に言葉にしてみたい。

3

「他人事≒自分事」で学びの構造を転換する

「世界の片隅」から「片隅の世界」へ――学びの再構築

前章まででみたように、ハイモダニティの闇は深く、この国の病みは深刻である。新自由主義の教育改革に焦点づけた考察から明らかなように、問題を複雑にしているのは、経済や政治の負の構造が根っこの部分で絡み合いシステムとしてがちがちに固められてしまっていることによる。したがって、弥縫策的改革や断片化された知にもとづく改革は、往々にして全面的官僚制化をもたらすにとどまる。権力を温存させるのである。まずは、時代の根っこにある近代なるものに照準を絞ってこれを相対化することでこの強固なシステムを緩めていく。かつ、絵空事ではない何ものかとしての具体的な実践を手がかりにしながら、いっしょに考え動いていくことが不可欠である。

ここでは、本書のタイトルである「他人事≒自分事」を突破口にして、重層的に現状を改める手立てを考えてみたい。重要なのは、「他人事⇔自分事」が、ひとつひとつの場面や出来事をともにすることで現状を変えていける、そんな可能性を切りひらくことである。なぜなら、以下で紹介するような試みは決して特別なものではなく、「世界の片隅」(the corner in the world) にいるどこかのだれかが動き、「片隅の世界」(the corner as the world) を織り成し得ることを例証しているからである。しかしながら、信じればなんとかなるという古めかしい精神論を唱えても有害無益である。ましてやどこまでも個人に責めを負わせるような後期近代の自己啓発では詐欺以下である。

ハイモダンもしくは後期近代なるものに潜在的に引き継がれた近代と向き合いこれを解いていく呪文のようなもの、それが「他人事⇔自分事」である。この図式を説明する前に、時代に流され、近代の思い上がりにそのかされている私たちが失念しがちな大切なポイントをまずは押さえておきたい。これが、すべての出発点となる。すなわち「人間と社会の限界性」という視点である〈多元的生成モデル〉と重なる部分も多いが、話が複雑になることを避けるために、これについては別稿を期する）。

「人間の限界性」〈できなさ・弱さ〉×〈わからなさ〉

まず、「人間の限界性」について触れておきたい。

近代は、科学技術を通して自然さえもコントロール可能なものとみなす。そんな大いなる誤解によって成り立っている。具体例には事欠かない。最近の出来事でいえば、二〇一九年の夏「地球の肺」と言われたブラジルの熱帯雨林を焼き尽くそうかという史上最悪の大規模森林火事が起こった。放火による違法開拓行為を規制しないブラジル政府の対応が国際的非難を浴びた。二酸化炭素の吸収源だったアマゾンの森が今度は排出源に転じ、温暖化に伴う人為的気候変動のスパイラルに歯止めが効かなくなる（同時期に発生しいまなお延焼し続けているオーストラリアの森林火災も同様）。経済発展のための乱開発による野生生物種の指数関数的減少も続いている。自らの生命としての存立を危うくすることでさえ危機と感じない現代人はじつに愚かしい。もちろん、私自身を含めてである。いつのまにか、自然と人間の関係が転倒し、生物種として課されている「限界性」を見失ってしまったかのようである。

この点をかなり早い時期から鋭く看破し、近代批判を徹底して行った研究者がいる。滝沢克己はその代表的な神学者である。「インマヌエル」（神ともにいます）という原事実は、人間がどうあがいても覆せない根っこである。宗教的な信心によるのではなく、まさに原事実なのであり、こちら側とは無関係にそこには受苦的な関係性がある。他方で、人間には多くの裁量が委ねられているというのも真実である。滝沢神学から世界をみるとき、人間がかかえる「慢という病」の御しがたさが浮かび上がってくる。しかし、これを克服することはどんな病を克服するよりも難しい。滝沢は、かの宮澤賢治が病床から教え子に送った手紙をこの典型例として紹介している。

「あなたは賢いしかういふ過りはなさらないでせうが、しかし何といっても時代が時代ですから充分にご戒心下さい。風のなかを自由にあるけるとか、はっきりした声で何時間も話ができるとか、じぶんの兄弟のために何円かを手伝へるとかいふやうなことはできないものから見れば神の業にも均しいものです。そんなことはもう人間の当然の権利だなどといふやうな考では、本気に観察した世界の実際と余りに遠いものです。」

（滝沢克己「現代教育の盲点」『朝のことば』創言社、一九九二、八二～八三頁）。

「できなさ」という地点に立たされている人間は、言い換えるなら「弱さ」をかかえる存在でもある。何かができるという点においてではなく、この共通の「できなさ」「弱さ」の点での対等な権利としての人権を想定したい。実際、私たちは「できなさ」「弱さ」を抱えながら生き続けることを課されている。この地点から見れば、他者と自己は独立した人格を与えられている分け隔てのない対等な存在である。いかなる支配・服従関係も認められようはずもない。原事実にもとづいて、それぞれが独自の生を享けているのであるから、人間ごときがこれを抑圧・制限できることなどあり得ないのである。自由はこの条件の範囲内でのみ、かつ他者の人権を侵さない限りでかろうじて認められる。

また、歴史をふりかえれば、人間をめぐるさまざまな悲劇は、他者と自己が「わかったつもり」になることから生まれることがわかる。したがって、「わかりえないもの」ということをギリギリの原則として私たちは持つ必要がある。近代的自我が解き放たれるその一方で、同一化の暴力と常に向き合うことが求められる［「できる（と思っている）自分」も含めて］。

この歯止めとして、私たちには「学び」を人間の最も重要な営みのひとつとして位置づけることができる。逆に言えば、不充分なまま宿題を背負って生きているという点で優劣はないのである。かろうじて動物と違うのは、この「学び」をよりよい他者の生に活かすという関係性が構築されるかどうかが問われている点である。そうでなければ、無痛文明（森岡　二〇〇三）に浸りきって家畜化された有機物に堕すしかない。したがって、単に「他人

≠自分」という孤立化でも、「人（類）としての他人＝人（類）としての自分」という同一化でもない、まさしく「その先」が問われる。

それが、「他人事≒自分事」なのである。「自分と他者は異なる」という同一化の誘惑から自由になりつつも、社会の都合に合わせて学ぶのではなく、出来事を真ん中に据えて、対話的な関係のもとで自分が他者との出来事を通して自分自身が変えられるという関係性の中で学ぶのである。「他人事≒自分事」は、これを図式化したものである。これだけでは、他者との関係性は具体的な姿を持ち得ない。重ねていく過程で問われるのは、社会のあり方である。ここにいたって、「社会の限界性」という視点が必要になる。

「社会の限界性」〈いたらなさ・悪さ〉×〈わからなさ〉

かつて、戦前期有数の財閥であった倉敷紡績の二代目社長・大原孫三郎は、東京専門学校（現：早稲田大学）での放蕩の末に自身のいたらなさを恥じ入り、日本初の民間孤児院を創った石井十次と出遇う。それこそ「他人事≒自分事」の学びを経て、「わが財産を世のため人のために使い切る」という境地にいたった（城山　一九九七）。これはただの大言壮語ではなかった。孫三郎は、「会社は社員のためにある」と言い切り、役員や株主への配当よりも社員のウェルビーイングを優先した。工場の気温が上がらないようにと壁一面にアイビーを這わせ、就業時の健康管理に特段の配慮を行うだけでなく、当時ではあり得ない広さの寮を女工さんたちに提供した。また、伝統的な価値観を反映してのことではあるが、奉公を終えて嫁いでいく日のためにお茶やお花を習わせていたという。人事担当者が百％近い勤務成績を自慢げに報告したときには、逆にそんな働かせ方をしてはならないと叱責したというエピソードもある。人々の貧困や病と向き合い、健康で文化的な生活を保障するために、さまざまな事業を本気で手がけた。大原美術館、倉敷中央病院、労働科学研究所、岡山農業研究所、民藝館、大原社会問題研究所等々は、すべてその継続的な多額の財政支援とたぐいまれなる人間観察眼によって実現し、現代に奇跡的に受け継がれている。孫三郎は、「子どもの役割は先祖の誤りを正すことである」と言い切っている。「人間の限界性」に自分をくぐらせる中で、社会の「いたらなさ」を看破し、これを改めるためのアクションを起こし続けた稀有な資本家である。かれのふるまいはきわめて稀な例かもしれない。晩年に「資本家と労働者の二足のわらじを履くこと」の難しさを述懐しているが、孫三郎の足跡はそれだけに尊い。

「社会の限界性」をそれぞれの場面で認識しないことによって、戦争や核開発をはじめ人間が阻止できたはずの過ち（他人事化しないために、リスクとは言わない）がもたらされてきた。国家が進める教育改革は往々にして（おそらくは利権のために意図的に）この視点が抜かされている。したがって、教育の現場においては、「社会のいたらなさ・悪さ」を軸に、「（子どもだけではなく）大人がいかに社会についてわかっていないか」という視点で実践を組み立てていかなければならない。その出発点が、具体的で切実な社会的課題についてそれぞれの「問い」を持つことであり、その「問い」を持つにはさまざまな他者と出遇い、「他人事⇒自分事」をひとつひとつ積み重ねていくことがこれまた必要になる。制度や社会通念など、「あたりまえ」を甘受し思考停止するのではなく、社会を変えていく真の「社会の形成者（複数形）」となるべく学びを深めていきたい。教師はその促し役であるとともに、学びが深まるにつれて今度は生徒から学ぶことも多岐にわたるようになる。そのようにして、教師としての幅が広がっていく。他者（生徒や同僚）の学びの支えとなるための幅である。

「他人事≒自分事」を軸にした学びは、再帰性という名のもっともらしい現状追認に与するものではない。リスクを語る際にも、どのような意味でリスクであるのかを問わなければならない。そのためには、研究者自身が社会についてのわからなさをしっかり言葉にする必要がある。本稿でいう「他人事≒自分事」とは、「人間の限界性」と「社会の限界性」という視点を回復させ、「他者と向き合う際には判断停止を行い、社会と向き合う際には思考停止から脱却する」という試みに他ならない。以下では、出過ぎた真似にならない程度に、いくらか具体的に説明を加えていく。

「子どもの声」を聴く：あるいは、身体との対話

「できなさ」という点でまずもって気になるのは、「あれもこれも」を子どもに求める昨今の風潮である。放っておくと人間はどこまでも欲張りになっていく。教育なるまなざしが就学前の子どもたちにも深刻な影響を及ぼし始めている。「自分の子は大丈夫か？」と親心という体《てい》のよい個人的欲望に駆り立てられ、膨大な費用をかけて準備教育を行う。グローバルな社会が到来するからと幼子を英語塾に通わせる。丈夫な体も必要だからとスポーツクラブに付き添う。他方には、充分なケアを受けないままに育てられたり、ＤＶ被害を受けたりする子どもたちがいる。どちらも、大人が「弱さを抱えた子ども」と出遇っていない点で共通している。そこでは、モノ化された操作可能な子どもがいるだけである。子どもは管理されたケージで育てられる家畜ではない。ましてやネグ

レクトや暴力の対象として生を享けているわけではない。過剰も欠如もコインの裏表なのかもしれない。

他方では、このような子どもの世界を問題視して、取り組まれる実践も少なくない。あるいは、親のケアをも含めたソーシャルワーカーの取り組みも少しずつ知られるようになってきた。行政もこの点で支援に関して少しずつ大きな力を発揮している。いずれにしても、次のような問いが私たちにとって重要であろう。

「子どもたちの声はほんとうに聴かれているのか。」「身体の次元での対話がなされているのだろうか。」「子どもの学びと育ちのスピードは適切と言えるのだろうか。」「ほんとうにたっぷりとした時間と遊び(余白)が子どもたちに保障されているのだろうか。」「いや、むしろ大人たち自身が〈子どもの時間〉を忘れてはいないだろうか。」…等々。

子どもは「刺激―反応」図式にもとづいて効果的に成長させられていく実験動物ではない。Appleの創業者スティーブ・ジョブズなどのテクノロジー創造者が自分の子どもにはiPadやiPhoneなどの電子機器を使わせなかったという皮肉な逸話もある。人間としての「できなさ」や「弱さ」をかかえながら生きていく方が「他人事≒自分事」の学びの幅が広がっていくことは、残念ながら忘れられがちである。しかも、成長は直線的なものではない。「木の年輪のように、真ん中に〈子ども〉を宿しながら重ねていくのかもしれないね。」これは、いつかわが家でワインを傾けながらつぶやいたドキュメンタリー監督伊勢真一さんの言葉である。年輪のように、年ごとに幅は違う。思いがけず枯れてしまうことだってある。「こうでなければ」という呪縛を緩めてみたい。やわらかくありたい。見ていないけど見ている、見ているけど見ていないという、そんな距離感を大事にしたい。

「他人事≒自分事」を軸にした小学校

『ニッポンの学校』の中で、かつてW．カミングスは日本の小学校は優秀性（エクセレンス）と平等性（イクォリティ）を両立させていると高く評価していた（カミングス　一九八一＝一九八〇）。平均像の評価としては間違っていないし、多くの人たちの実感とも一致するだろう。しかし、「他人事≒自分事」から見ると表層的な解釈であり、共同体主義と峻別されてもいない。ポストモダン信者からは格好の批判対象となるだろうが、もっと深いところまで掘り下げられてこそ、公教育たる学校の存在理由を示すことができる。経験的に言えば、大学の授業で多くの学生たちに届くのは次の二つの実践である（もちろん、小学校教育に限れば…ということであるが）。

ひとつは、かつて教育ドキュメンタリー番組として「日本賞」（グランプリ）に輝いた『涙と笑いのハッピークラス』である。石川県金沢市立南小立野小学校の４年１組、金森俊朗さんの実践である（ＮＨＫ「こども」プロジェクト二〇〇三；金森　二〇〇七）。「学校に来るのはハッピーになるため」という明快なコンセプトのもと、一人ひとり自分自身のしんどさを含めた語りを「手紙ノート」に託して語り、その言葉に子どもたちが思いを伝え、自分の言葉を重ねていく。いのちの授業は、まさに「命には約束がない」という「人間の限界性」を見失わない取り組みである。学級づくりと授業づくりが交差し、居場所がかれら自身の手によって創られる。子どもたちの可能性や健気さだけではなく、秘密と嘘などにも率直に耳を傾け、かかわっていく教師が今も昔もいる。じっくりと時間をかけて仲間とのかかわりの中で学び、学級をつくり、社会の形成者になるというプロセスが興味深い。

もうひとつは、関西テレビが制作・放映し、これまた賞を受けた『みんなの学校』（大阪市立大空小学校）である（木

村 二〇一五)。金森学級よりももっとしんどい層を受け入れている都会の新設校である。木村泰子(元)校長のもと、「自分がされていやなことは、人にしない、言わない」というただひとつのルールが設定されている。「大空」には、さまざまな地域からしんどさをかかえた子どもたちが頼りにしてきて集まっている。「発達障害」というカテゴリーで友だちを理解したつもりになるのではなく、「出来事」が起こったときにすぐさま当事者同士の対話を促し、必要に応じて教師など大人が通訳する。「やり直し」と同時に自分の頭や気持ちを整理する居場所として校長室が開放されている。うすっぺらな「できること」ではない。番組では、他校では学びから遠ざかっていたせいちゃんのお母さんの「えんぴつとかがね、すり減っているだけでも嬉しいんですよ。…学校でいろいろ失敗しながら、いろいろありながら、なんかその中でこの子はみんなといっしょにやってんねんなっていうのが、ほんとちょっとしたことなんですけど、嬉しくなってますね。」という言葉がこの学校の存在理由のひとつを象徴している。校長=管理職というイメージを覆すような小学校でもあり、対話がとことんなされる。「わかっていないこと」をちゃんと認識するというあたりまえのことから始められているのである。

これらの取り組みのベースには、この国のもうひとつの教育の実践史がある。そのひとつが、同和教育や人権教育の取り組みであることは間違いない。もっとも、旧来の集団づくりには共同体主義の限界があったかもしれない。しかし、放っておかない姿勢、生徒をとことん大切にする思いがなければ、このような取り組みは成り立たないはずである。「人間と社会の限界性」を見据えていることこそが、この国の持っている実践に光を照らしていたといってよい。

優しいチカラをつむぐ高校

「他人事≒自分事」の取り組みは、高校でも可能である。たとえば、筆者が二十余年にわたって学ばせていただいている大阪府立松原高等学校（＝松高）という高校がある（菊地編　二〇〇〇：菊地　二〇一二）。最も重要なのは、教師たち自身の学びが「他人事≒自分事」になっている点である。近年、若い教師が育っていないという教育委員会関係者の嘆きを聞くことも少なくない。が、この高校は違う。

ひとつは、生徒を大切にするという思いを持った若手教師がここで鍛えられてきたことがある。一九七四年の開校当初はどちらかというとプレモダン的な先輩・後輩関係の中で生徒に深くかかわることをしっかりと教えられる環境があった。「肩幅の狭い教師を支える」（＝しんどい教師を支え合う）という理念が、生徒だけでなく教師も見捨てないという関係性を創り出した。集団としてそうしなければもたないしんどさの中ではぐくまれた理念がさらに洗練された形で練り上げられていった。

たとえば、複数担任制のひとつである相担《あいたん》制（いずれもホームルームの主担であり、経験の差がある中で教師同士がお互いに学んでいく仕組み）や学年団（学年集団の中で互いに学び合い、前の学年団の取り組みを超えようとすることを促す仕組み）、「人担」（人権教育主担者として動き、人と人をつないでいくコーディネーターの仕組み）、そして、何よりも「転んでいい。転んでも責任は私がとるから。」という先輩教員の構えがここにはある。

組織としての危機に何度も直面したが、それは後期近代論者の言うようなリスクではなかった。不安を解消するために何かするという後ろ向きの考えに支配されてもいなかった。そこには、安易な個人化や他者化を乗り越

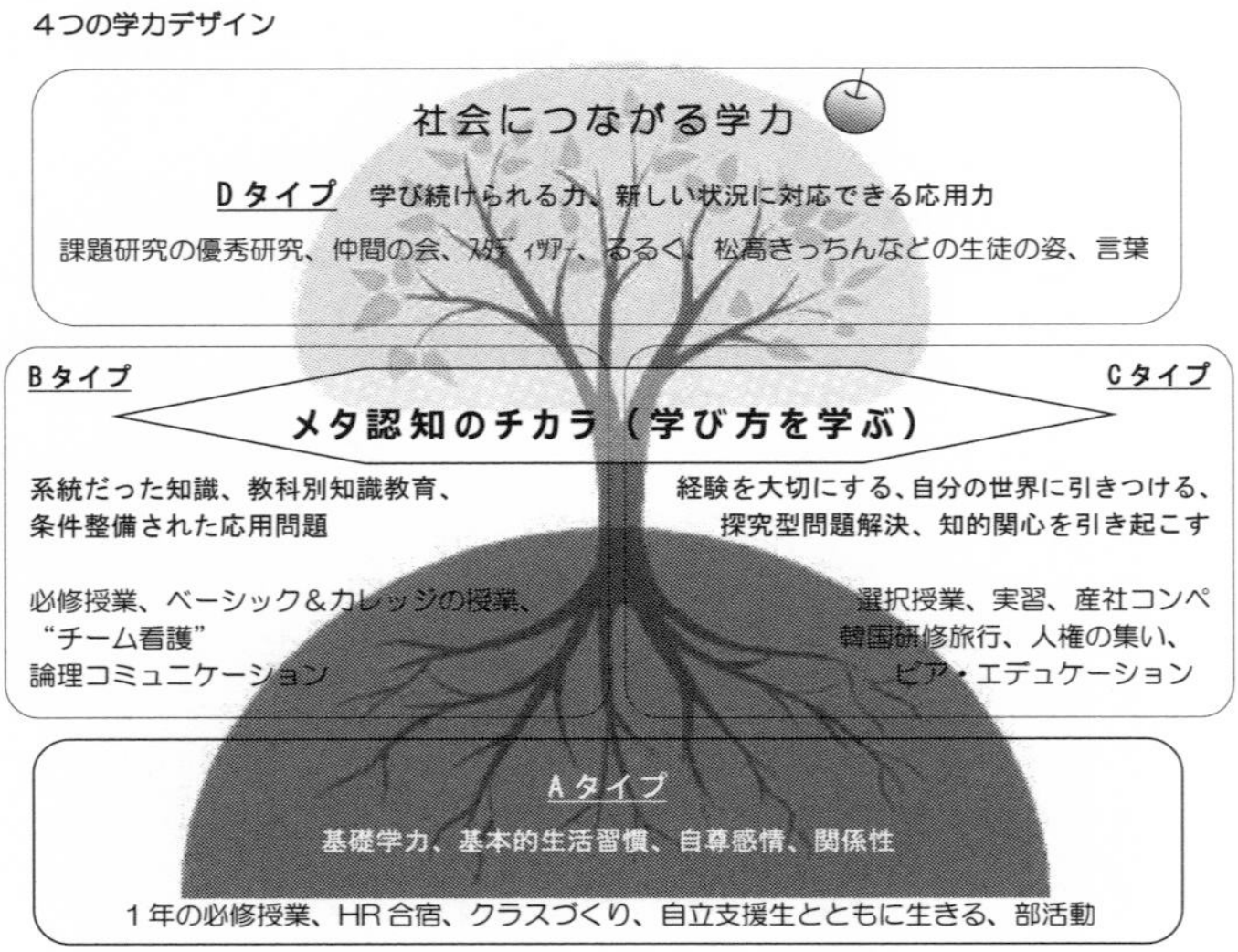

図６　優しいチカラの構造

出所）大阪府立松原高等学校学校運営協議会 2019 年 6 月 22 日配付資料（同校作成資料）

える思想と実践をはぐくむ「他人事⇔自分事」という捉え直しの枠組みがあった。

生徒たちは、教師たちによるさまざまな議論を経て創造された学びを展開していくのであるが、根っこにあるのはまさに「他人事⇔自分事」（Aタイプ〜Dタイプの学びの根本に据えられている視点・軸）である（**図６**）。

通常の教科学習といっても、単に知識を獲得し技能を習得するだけでは「社会につながる力」とはならない。そのために、入学してまもなくクラス開きとホームルーム合宿で、人間関係づくりを行う。それも、「人間の限界性」をしっかり中心に据えた実践である。ホームルーム合宿には近年では先輩のピアカウンセラーも参加して、大いに触発される。自分のしんどさを語り、問題意識を深めて共有していく。「優しいチカラ」というのは、個人が身に付ける力ではなく、関係の中で織り成される豊かな関係性を表現したものである。

「産業社会と人間」では、切実な社会的課題を軸にしながら、当事者の声を聴き、互いに学び合うことでよりよい提案へとつなげていく。最近の例では、世の中の自己責任論の不条理を知り、現実にそのような意識が蔓延していることに危機感を抱いた上で、自分の中の貧困問題との重ね合わせから、「松高きっちん」の創設を提案したグループが生まれた。その提案を教師たちが引き受け、ＮＰＯ法人の関係者につなぎ、具体的な社会づくりに結実させていっている。障がいを抱えた生徒たちとのかかわりが、ごくあたりまえに続けられている点で、準高生の取り組み以来の歴史の重みを感じさせる。「松高は特別ではないか」とよく言われる。たしかに、「特別なんどさ」はある。そして、生徒たちをこれほどまでに大切にする教師たちの存在も特別と言えば特別である。しかし、注目すべきは、その特別な条件を特別なこととして大切に火を灯し続けてきた貴重な取り組みだという意味での特別さの方である。松高の教師たちが出遇う子どもたちの現実は、他の学校の日常からそれほど隔たっているとは思えない。何を大切にするかをめぐって、「人間と社会の限界性」の視点に立ってじっくりと共有されているかどうかの違いが大きい。いまやこうした取り組みこそが、公教育の存在理由そのものとして重要になっているのではないかと私自身は確信している。

考えてみれば、浦河べてるの家（二〇〇五）や全国にあるフリースクールやフリースペースの取り組み（滝谷＆滝谷　二〇一一：西野　二〇〇六）もまた、「他人事≒自分事」をさまざまな言葉と実践として紡いできた尊い居場所である。いずれにしても、まずその場の内だけではなく、こうした場の外側にいる人たちが深く学んでいくということが必須ではないかと思う。いわゆる「一条校 vs. オルタナティブスクール」とか「公立 vs. 私立」とか「公教育

vs.私教育」とか「学校vs.社会」…等々という二項対立図式を超えて、これからの学びに通底する「何か」をそれぞれの場で当事者と（が）いっしょに探し言葉にしていければよい。

「他人事≒自分事」の学びを創る

では、「他人事≒自分事」を軸にした学びとは何なのだろう。手ごわいモンスターと向き合うための内発的で持続可能な試みに共通する「何か」を取り出してみたい。ここでは、「他人事≒自分事」の学びを五つのフェーズ（位相）で捉える。

フェーズⅠ

まず、「他人」と「自分」が同じ人間（＝いのちの表現の一例）という共通の土俵に乗りながら、両者は異者として尊敬の念をもって「何かができるとかできない」とかいう条件を付けずに受け容れられることからすべてが始まる。したがって、こちら側の思い描く何者かであることを想定しない関係性が前提となる。Aくんは Aくんであり、BさんはBさんなのである。単純ではあるが、この固有性（＝かけがえのなさ）から始まる。病みくたびれた親子関係や異性関係にありがちな関係ではなく、基本は「他人≠自分」なのである。言葉や問いを奪わない関係性がなければ「他人事≒自分事」は始まらない。こうして「人間の限界性」という中心軸を据えることが、この学びを促すことになる。要するに、「いかにわかっていないか」を徹底したい。これを学びの**フェーズⅠ**と呼ぶ。

フェーズⅡ

しかし、ただ単に「他人≠自分」のままでは、モンスターの格好の餌食になる。切り分けられた個人は、消費者／生産者／消費生産者としてマネー資本主義の支え手（もしくは脱落することによって餌食）となるにすぎない。そこでモンスターと向き合うには、学びの**フェーズⅡ**が必要になる。まずは、「出来事」を重ねることである。偶然性を特徴とする「出来事」がどれだけ学びに組み込まれているかがポイントである。「他人事」と「自分事」という「出来事」が身体を通して互いに重なり合う場や空間や関係性があるかどうかが分かれ目である。出来事を重ねられる空間を創りたい。

フェーズⅢ

次は、「他人事」と「自分事」の重ね合わせのありようが問題となる。松原高校の中心メンバーの一人であった易寿也さん（現　大阪芸術大学教授）は「切実さが大事やねん。」とよく言われる。自慢大会ではなく、あえてしんどいことを語る「クラス開き」をしたり、「弱さの情報公開」をしたりするのは、「切実さ」の次元で人と出遇うことにつながるからである。人権学習をベースにした「産業社会と人間」などの学び合いや統合失調症と向き合う「当事者研究」のプロセスは、自分がいかにわかっていなかったかを認識するだけではなく、お互いの関係性の中でそれぞれの「切実さ」を感じ取りいっしょに生きやすい状況を創っていくことの始まりを意味している。ここで重要なのは、脳のごく一部を過剰に働かせて「わかったつもり」になることを避けることである（知識人が無自覚に陥りがちな罠）。**フェーズⅢ**は、身体のレベルを含めた「切実さ」という次元での出遇いである。

フェーズⅣ

さらに、「他人事」や「自分事」の背景にある構造にまで踏み込んでみる学びが**フェーズⅣ**である。「しんどさ」の一部は世に言う「貧困問題」につながっていることから、なぜ貧困は生まれるのかという学びへと展開する。ここで「社会の限界性」を深く認識することになる。また、松原高校の例で言えば、「自己責任論」という人々の意識の実態や背景の読み解きへと進んでいく。学びを進めていく中で、現代の学びの限界に気づくこともあるかもしれない。社会で起きているさまざまな問題が「他人事」ではないことに気づいたり、「自分事」が社会のいたらなさによってもたらされていることに気づいたりする。

フェーズⅤ

最後は、「他人事⇒自分事」の学びで気づいたことを他の人々に伝え、動くことである。「いかに伝えるか」を考えていくことは、究極の学びであり最も難しい学びである。「伝える」という営みには、具体的に制度等を変えるために動いていくことも含まれる。今度は、「自分事」として気づいたことを「他人事」へと転換していくプロセスである。これが**フェーズⅤ**である。じつは、これも松原高校の中心メンバーの一人平野智之さん（現　大阪府立松原高等学校校長）たちが地元松原市の保健所の飯沼恵子さんのお申し出を受けて始めたピア・エデュケーション型エイズ教育の取り組みに際して校内に発足させ継続的に活動している「るるく」（知る・考える・動く）の「動く」の部分につながっている。

具体的な実践事例から見えてくる「他人事⇒自分事」をさしあたり総括すると以上のようになる。おそらく五つのフェーズは、年輪型の発達のように、真ん中にフェーズⅠを据えて、同心円状に捉えられるのだろう。しかし、実践するのは口で言うほど簡単ではない。これら五つのフェーズのいずれもが新自由主義等の教育改革の中でどんどん疎かにされていっているからである。切り刻まれようとしているから厄介なのである。結果として、若い世代の人たちの魂とエネルギーを吸い取り、マネー資本主義のための商品とすることに躍起となっている教育改革に学校関係者は疲れ果てさせられている。したがって、制度やシステムとして構造化されている呪縛をどう緩めたり逆手に取ったり悪影響を除去したりできるかが問われなくてならない。最後に、この点についてみなさんと考えてみたい。

新学習指導要領を読み替える

他国に類例を見ないほど、わが国の教師たちは多忙を極めている。悲鳴を上げる教師にも「会社はそんなもんだ」と世間の風は冷たい。まさに他人事なのである。しかし、このような状況が続くといずれ自分たちに返ってくる。浅い思考とかかわりに「避難」せざるを得ない状況に追い込まれた教師は思考停止で対処する。そうすると、マネー資本主義に都合のよい人材は「製造」できても、子どもたちの学びはどんどんやせ細っていく。公教育への財政的支援を弱めることで日本の財政が少しばかりＰＢを回復させることはあっても、最終的には外国資本の肥やしにしかならなくなる。足し算で邁進させられる教育改革の中で、「せめてスクラップ、スクラップ＆ビルドで進めてほしい」という現場の声は切実である。ここで必要なのは割り算と引き算である。どちらにも問われるのは、

「割る数」と「引く数」が何かということである。それは、モダニティを含み込むハイモダニティというモンスターとどう向き合うかにかかってくる。本章まででみたように、ここでは個人化させたり、他者化させたりするのではなく、「人間と社会の限界性」を軸に据えた「他人事‼自分事」で割り算と引き算を試みる。

二〇二〇年度より始まる新学習指導要領は、三つの目玉から成っている。学力の三要素を育成することをゴールにした、「アクティブラーニング（主体的・対話的で深い学び）」、「カリキュラムマネジメント」、「社会に開かれた教育課程」である。

学力の三要素（①知識・技能、②思考力、判断力、表現力、③主体性を持って多様な人々と協働して学ぶ態度）は、経産省が二〇〇六年に提唱した「社会人基礎力」（①前に踏み出す力、②考え抜く力、③チームで働く力）をかなり意識した内容となっている。力や態度などを個人単位で測定可能なものと捉える前提で、大学入試改革（とくに二〇二一年度入試から実施される大学入学共通テスト）によって出口管理が行われる。とくに、小学校ではこれらの入試改革に翻弄されることなく、子どもにとって必要な充分な休息と遊びと余白を保障したい。しかも、今回の改革は「主体的・対話的で深い学び」を新たに打ち出している。すでに探究型の学びが当然…という雰囲気も実践の場にはある。もともと「認知過程の外化（見える化）」という手法は、大衆化した非選抜型大学の教授効果を上げるために打ち出されたものである（溝上　二〇一四）。二〇〇二年（高等学校は二〇〇四年）に導入された「総合的な学習の時間」とは異なり、各教科での探究的学習が可能であることから、さほどの抵抗もなく浸透している。「深い学び」自体を否定するものではないが、Society5.0と言いながらも機械に代替される人間を製造する学びにとどまる可能性は大きい。「人間」独自の学びにつなげるには、各人に唯一無二の（多様な）身体をベースにしながら、具体的で切実な社会的課題と向き合うことが鍵となる。あわせて、北欧のオープンダイアローグに学ぶなど、対話とは何かを考えてみたい（「人間の限界性」を軸に）。主体的・対話的で深い学びを「他人事≒自分事」というフィルターを通して再構築できるかどうかにかかっている。

二つ目は、カリキュラムマネジメントである。少なくとも中学校の選択科目はうまくいかず、高校の小規模な選択科目の設定は学校の状況を変える力とはならなかった。これまでの歴史をふまえれば、社会の出来事だけではなく、具体的な他者が直面する他人事をいかにして自分事化していくかが問われる。ともすると日本のマネジメント概念は、限られた資源で管理職がコントロールする（賄い管理する）というイメージで捉えられやすい。もちろん資源は限られているのは当然ではあるが、ただただ内向きになることは避けなければならない。必要に応じて、行政にきちんと要求すべきことは要求しなくてはならない。学校で起きている切実な課題を行政担当者も自分事化する努力をしていきたい。このベクトルを大事にすることでどれほどの学校関係者の学びが促されエネルギーが満ちていくか計り知れない。共通の困りごとの場合には、個別学校の枠を超えて要求することも試みたい。あわせて、教師の多忙化が深刻化している現状において、教員の時間管理にとどまらず、生徒と充分にかかわれるのに必要な人員を求めていくこともマネジメントの守備範囲となる。同僚同士の関係性もまた、「主体的・対話的で深い学び」となるように意識したい。

三つ目は、社会に開かれた教育課程である。カリキュラムを充実させるための単なる人的資源（教育人材データバンク）として位置づけるものであってはならない。「猫の手も借りたい」を恒常化させては、当事者は猫以下にされかねない。「他人事≒自分事」の学びを深めたい住民を中心に「学校評価」というまなざしとは無関係にかかわっていただくのがよい。もちろん、本来公教育として担うべきところはなにかを切り分けなくてはならない。しかし、それと同時に、教師自身が地域の担い手から学ぶという関係性が成り立つとすれば、地域の人々は学校にとっていっそうありがたい存在となる。直線的・操作的なまなざしから距離を置いた位置にある大人たちが学校に出入りしているだけでも、学校文化は熟成され相互親和的《コンヴィヴィアル》になる。学校評議員制から学校運営協議会、そして、地域学校支援本部など呼び名は変遷してきたが、単なる地域への報告や他人事の会議で終わるとすればおそらく参加者のだれにとっても（とくに、生徒にとって）プラスにはならない。たとえば、国が提案している地域学校協働本部事業を活用しながら、当該学校の課題に応じた取り組みを通じて地域住民などの学校応援団をはぐくんでいくことができれば社会へのインパクトも大きい（単なる「自発的な下請け」ではない！）。「他人事≠自分事」の文化がよい形で浸透していくきっかけにもなる。その際、「社会の限界性」をふまえた社会的課題の解決という視点が重要になることは改めて指摘するまでもない。

支え合い学び合う組織づくり

新自由主義の教育改革はさまざまな分断状況をつくってきた。これによって、教師も個人として切り離され、ライン型組織に縛られている。それを突き崩さない限り、持続可能な形で現状を変えていくことは難しい。現在の制度的条件のもとでは校長の役割と可能性がきわめて大きい。しかし、残念ながら校長の当該校勤務がせいぜい四年、通常は三年にとどまることが多い（公立学校の場合）。したがって、新たなこと、とくに、波風を立たせるような組織づくりの改変に手を出す勇気のある校長は少ない。一年目は前例踏襲、二年目は様子見、三年目は異動（退職）準備…。つまり、余計なことをしない方が評判を落とさないという守りの姿勢になりがちである（もちろん、そうでない校長も少なくない）。しかし、ここでこそ校長の見識が問われる。「他人事≒自分事」を軸にして、「人を育てる学校組織」にしたい。

現在の学校組織を元気にするための鍵がもうひとつある。それは、関係をつむいでいくコーディネーター（もしくは「学習する組織」のファシリテーター）の存在と育成である。授業持ち時間数を制限して、一般教員に近いところから活動を俯瞰し、カリキュラムなどの学校のありようをデザインするための教員三名（標準規模）が必要である。このコーディネーターを育てる仕組みがあれば、よりゆたかな学校文化は醸成され、かつ、次代に伝えられていく。時代の変化に合わせた細々とした要請に応えるよりも、どのような状況変化にも対応できる人々を育てることが重要である。

経済を他人事にしない試み

いつも教育の議論では後回しになるテーマがある。経済の問題である。最も重要なのは、経済を私たちの手に取り戻すことである。プライマリーバランス（財政健全化）を気にして「無い袖は振れない」という事態を想定した対応を考えつつも、他方では、もうひとつのあり方を徹底して問うていく必要がある。

たとえば、どんどん劣化していく財政的条件の中で教育が安直な経済の道具に成り下がっていくことはあってはならない。すでに2章でみたように、思い切った自国建て通貨による国債発行で教育や福祉に特化した財政出動(信用創造)をしていくことが必要である。「人間と社会の限界性」を見据えた需要を創り出したい。小さい政府で、しんどい層同志が低賃金・低待遇をめぐって競争させられている現状を変えていくことはいまや待ったなしである。たとえば、消費税の使途は全額社会保障にあてられると謳われたにもかかわらず、そうなっていない現状がある。そして、二〇一九年一〇月一日からは再び逆進性の高い消費税率の二ポイント(現在の二五%)アップが実施された。場当たり的な経済政策や再配分の不徹底の一方で、外資系カジノの誘致には血道を上げているという信じがたい状況がある。未来の世代がほんとうに受け継ぎたい社会と言えるかどうかを大人たちは静かに考えてみるのがよい。

もう一度繰り返すが、学びは経済の道具ではない。このことを強調したい。その上で、「できる者が差し出し、必要とする者が受け取る」という人類としては正当なあり方を思い出してみたい。オイコスとしての経済、幸せのツールとしての経済…そして、それを取り戻すための政治とはいかにあるべきかを自分事として考えてみたいものである。

つながりのためのむすび：光の射す方へ——私たちはどう生きるのか

始まりがあれば終わりがある。人生にも人類にも…。人々は往々にして人生の終わりは自分事として必要以上に気にする。それは致し方ないことであるにしても、人類の終わりはどこか他人事になっていないだろうか。あまりにも遠くて絵空事に思ってしまうのもわからないではない。しかし、それは遠くない将来に不意に訪れるかもしれない。自然破壊や核戦争がなくてでもある。最も起こり得るのが、小惑星の衝突である。六千数百万年前の衝突をシミュレーションした映像がyoutubeでもみられるのでぜひご覧いただきたい。人生と同じく、人類のスケールで考えても、形に残る「永遠」はない。日頃人間に目の敵にされているゴキブリは涼しげな顔で生き残るかもしれないが、それとて永遠ではない。ましてや、この本自体も永遠ではない。

未来がどうでもよいというシニカルな気持ちになる人もいるかもしれない。が、そうでもない。限界性があることを肚の底から認識するからこそ、お金や権力の道具にさせられたり、自らそれらの奪い合いに参加をしたり、少しばかりの差異を求めて自他を削っていったり…ということから距離を置こうと思うようになるのではないか。

未来のための現在、つまり、現在を食いつぶして「未だないもの」にすがって生きる近代の病に取り憑かれなくなるのかもしれない。一回一回の出遇いからどう学びを深めていくか、そのプロセス自体が豊かであることを先立てるようになる。そんなことが起こるかもしれない。

縷々述べてきたように、いま、生も学びも、経済や政治、あるいは、イデオロギーの虜になって固定観念に縛られている。見えない暴力のシステムに閉じ込められている。それを見えにくくさせ、自他の壁を頑丈にするために膨大な労力を使わされている現状がある。教育実践の場も、相変わらずこの一端を担わされてしまっている。小さくされた子どもたちの声が聴き取られないほどに状況が悪化している。(表れ方は違っていても)こんな憂慮すべき時代は、もちろん現代に限らない。いまから、八三年も前に一冊の本が出版され、現代によみがえってベストセラーになった。吉野源三郎の『君たちはどう生きるか』である(吉野　一九八二)。いささか我田引水のようにも見えるが、「他人事⇔自分事」の学びに重なる部分も多い。

物語は、コペル君(本田少年)のニックネームの由来となる出来事から始まる。父親を亡くし、後見人を託された叔父さんがコペル君の発見を「天動説から地動説への転換」になぞらえて賞賛するシーンがある。これも「出来事」を重ねることを出発点としている。デパートの屋上から銀座の通りを見下ろし人間が行きかう光景をじっくり眺めたあとの車の中で、コペル少年は「人間て、叔父さん、ほんとに分子だね。僕、ほんとうにそう思っちゃった。」と語った。答えがあってそのものさしをあてがったのではなく、ぽつりと零れ落ちた言葉に、またじっくりと時間をおいて、叔父さんはこう記す。

「人間がとかく自分を中心として、ものごとを考えたり、判断するという性質は、大人の間にもまだまだ根深く残っている。いや、君が大人になるとわかるけれど、こういう自分中心の考え方を抜け切っているという人は、広い世の中にも、実にまれなのだ。殊に、損得にかかわることになると、自分を離れて正しく判断してゆくということは、非常にむずかしいことで、こういうことについてすら、コペルニクス風の考え方の出来る人は、非常に偉い人といっていい。たいがいの人が、手前勝手な考え方におちいって、ものの真相がわからなくなり、自分に都合のよいことだけを見てゆこうとするものなんだ。…（中略）…自分ばかりを中心にして、物事を判断してゆくと、世の中の本当のことも、ついに知ることが出来ないでしまう。大きな真理は、そういう人の眼には、決してうつらないのだ。」（二六〜二七頁）

近代的自我を相対化し（滅我するのではなく、慎重に置き換えつつも他者に主体であることを促し）、主客が転換していく内面の様子が、こんどは他者との関係の中で展開していくシーンもある。実家がお豆腐屋さんの同級生の浦川くんとの出遇いを通して、「いかにわかっていなかったか」に気づかされるコペル君の出来事を通して、コペル君自身が貧しさを自分事として考えるシーンがある。叔父さんはこう返していく。

「…ただ自分たちの幸福ばかりを念頭において生きてゆくとしたら、それは間違ったことだね。しかし、僕たちがあの人々のことを考えなければいけないといっても、もしも、あの人々をただ不幸な人々、同情してやらなければならない人々という風にばかり見ていったら、それはたいへんな誤りだ。…（中略）…君は、生産する人と消費する人という、この区分の一点を、今後、決して見落とさないようにしてゆきたまえ。この点から見てゆくと、大きな顔をして自動車の中でそりかえり、すばらしい邸に住んでいる人々の中に、案外にも、まるで値打ちのない人間の多いことがわかるに違いない。また、普通世間から見くだされている人々の中に、どうして、頭を下げなければならない人の多いことにも、気がついて来るに違いない。」（一三八〜一四〇頁）

自ら提案した約束を破り、暴力から仲間を助けられず、自分を責めるコペル君…。そんな苦しみの中でもがいていくかれに、叔父さんはこんなことをノートに書き贈る。

「人間が、こういう不幸を感じたり、こういう苦痛を覚えたりするということは、人間がもともと、憎みあったり敵対しあったりすべきものではないからだ。また、元来、もって生まれた才能を自由にのばしてゆけなくてはウソだからだ。およそ人間が自分をみじめだと思い、それをつらく感じるということは、人間がほんらいそんなみじめなものであってはならないからなんだ。…（中略）…人間の本当の人間らしさを僕たちに知らせてくれるものは、同じ苦痛の中でも、人間だけが感じる人間らしい苦痛なんだ。」（二五三〜二五四頁）

ここで、叔父さんが言っていることが真理であるといいたいのではない。人類の進歩という大きな文脈のもとで、さまざまな次元での「人間と社会の限界性」を軸に語りがなされていることが興味深い。しかも、他者との間で起こる負の経験や傷つく権利を奪い取らないで、子どもの傍にいてかれ自身と出来事をともにする。どこまでも学びと生の主体としての子どもに敬意を払いながら、その具体的な重ね合わせを試みていく。わからないことをいっしょに考えている大人の姿そのものが「他人事⇄自分事」の学びと相通じるものがある。それにしても、そのような学びがなぜ遠くに追いやられていくのか。現在を織り成す構造もあわせて問わなくてはならない。聴くところによると、現代の状況を憂い引退撤回して老骨に鞭打って取り組む宮崎駿監督の長編アニメのタイトルが『君たちはどう生きるか』だと言う。楽しみでもあり、その危機感を自分事にしたいと思う。

本書で試論的に描いた「他人事⇄自分事」の学びの意味は、知識をどれだけインプットしても、いや、専門分化した知識で塗り固めるほどに遠のいてしまうかもしれない。そこにはある種のパラドクスがある。おそらく、自分自身も含めて、程度の差はあれ、現在を生きる人々の学びがもう経済や政治の虜になってしまっているのかもしれない。無意識のうちに埋め込まれた深い闇がそこにはある。コペル君のように光の射す方に歩んでいくには、どうすればよいのかたやすくは答えられないが、私たちはもっと「越境」することを楽しんでいけばよいのではないか。それもネット社会で「わかったつもりにさせられる」のではなく、分断され刻まれた身体ごと触れて、揺れて、再構築されていくような、そんな感覚を楽しみたい。いかにわかっていないかを誇りにしながら、「いま、ここ」を充実させ、それぞれの場面で「他人事⇄自分事」を試みていきたい。光の射す方へ歩みを進めるために…。

最後に、このような書物をフリーハンドで書く機会を与えていただいた編者の天童睦子さんと山田肖子さん、そして出版社のご関係のみなさまに感謝申し上げます。本書に万が一「これは！」と思っていただくところがあるとしたら、それは間違いなくさまざまな「他人事⇔自分事」の結果です。これまで筆者が出遇ったお一人お一人を思い浮かべつつ、心から感謝申し上げたいと思います。内・外にすまうモンスターはなかなか手ごわいと思いますが、揺さぶられることを楽しんでまいりたいと思います。いたらない人類の一断片として。

菊地　栄治

二〇一九年一二月二〇日

引用・参考文献

アルヴァレド、F．他編（徳永優子・西村美由紀訳）（二〇一八）『世界不平等レポート　二〇一八』みすず書房（2018）
石川憲彦（二〇一九）『「成長」とは「発達」とはなんだろう？』ジャパンマシニスト社
市野川容孝（二〇一九）「能力主義を問いなおす」教育文化総合研究所『「能力論」研究委員会報告書』（一財）教育文化総合研究所、所収
今村仁司（一九九四）『近代性の構造―「企て」から「試み」へ―』講談社選書メチエ
イリッチ、I．（東洋・小澤周三訳）（一九七七）『脱学校の社会』東京創元社（1972）
岩脇千裕（二〇〇六）「大学新卒者に求める『能力』の構造と変容―企業は『即戦力』を求めているのか―」『Works Review』Vol.1
ウィリス、P．E．（一九九六）（熊沢誠・山田潤訳）『ハマータウンの野郎ども』ちくま学芸文庫（1978）
浦河べてるの家（二〇〇五）『べてるの家の「当事者研究」』医学書院
NHK「こども」プロジェクト（二〇〇三）『4年1組命の授業―金森学級の35人―』日本放送出版協会
エンデ、M．（大島かおり訳）（二〇〇五）『モモ』岩波少年文庫（1973）
大内裕和（二〇一七）『奨学金が日本を滅ぼす』朝日新書
大山泰弘（二〇〇九）『働く幸せ―仕事でいちばん大切なこと―』WAVE出版
岡部恒治・戸瀬信之・西村和雄（一九九九）『分数ができない大学生』東洋経済新報社
小澤徳太郎（二〇〇六）『スウェーデンに学ぶ「持続可能な社会」』朝日新聞社

小野塚知二(二〇一八)『経済史』有斐閣
片渕須直(監督作品)(二〇一七)『この世界の片隅に』ブルーレイ・特装限定版
金井利之(二〇一七)「結局、〝貧困〟〝学力〟とは何か」『貧困と子ども・学力研究委員会報告書―学力向上論の欺瞞と居場所としての〈学校〉―』教育文化総合研究所
金森俊朗(二〇〇七)『いのちの教科書』角川文庫
紙屋高雪(二〇一六)「『この世界の片隅に』は「反戦マンガ」か」『ユリイカ』平成28年11月号
カミングス、W.K.(友田泰正訳)(一九八一)『ニッポンの学校』サイマル出版会(1980)
カラベル、J.&A.ハルゼー、A.H.編(潮木守一・天野郁夫・藤田英典編訳)(一九八〇)『教育と社会変動(上)(下)』東京大学出版会(1977)
苅谷剛彦・清水睦美・志水宏吉・諸田裕子(二〇〇二)『調査報告「学力低下」の実態』岩波ブックレットNo.578
菊地栄治編(二〇〇〇)『進化する高校　深化する学び』学事出版
菊地栄治(二〇一二)『希望をつむぐ高校』岩波書店
――(二〇一五)「高校教育はどう変わったのか?―二〇〇四・二〇一五年全国校長・教員調査データの比較分析―」『日本教育社会学会第六十七回大会発表要旨集録』
――(二〇一九)「中学校教育はどう変わったのか?―二〇〇二・二〇一七年全国校長・教員調査データの比較分析―」『〈多元的生成モデル〉にもとづく教育改革の実践と構造に関する総合的研究(科研費最終報告書)』早稲田大学
アンソニー、A.(松尾精文・小幡正敏訳)(一九九三)『近代とはいかなる時代か?』而立書房(1990)
――(秋吉美都・安藤太郎・筒井淳也訳)(二〇〇五)『モダニティと自己アイデンティティ』ハーベスト社(1991)
木村泰子(二〇一五)『「みんなの学校」が教えてくれたこと』小学館

教育文化総合研究所（二〇一九）『「能力論」研究委員会報告書』（一財）教育文化総合研究所
グレーバー、D．（酒井隆史監訳、高祖岩三郎・佐々木夏子訳）（二〇一六）『負債論』以文社（2011）
――（酒井隆史訳）（二〇一七）『官僚制のユートピア』以文社（2011）
こうの史代（二〇〇四）『夕凪の街　桜の国』双葉社
――（二〇〇八）『この世界の片隅に（上）』双葉社
――（二〇〇八）『この世界の片隅に（中）』双葉社
――（二〇〇九）『この世界の片隅に（下）』双葉社
国立教育政策研究所編（二〇一九）『教員環境の国際比較　ＯＥＣＤ国際教員指導環境調査（ＴＡＬＩＳ）二〇一八報告書』ぎょうせい
『このマンガがすごい！』編集部（二〇一六）『「この世界の片隅に」公式アートブック』宝島社
小林雅之編著（二〇一二）『教育機会均等への挑戦―授業料と奨学金の８カ国比較―』東信堂
齋藤純一（二〇〇〇）『公共性』岩波書店
斎藤貴男（二〇一六）『機会不平等』岩波書店
奨学金問題対策全国会議編・伊東達也・岩重佳治・大内裕和・藤島和也・三宅勝久（二〇一三）『日本の奨学金はこれでいいのか！―奨学金という名の貧困ビジネス』あけび書房
志水宏吉編（二〇〇八）『公立学校の底力』ちくま新書
――（二〇〇九）『「力のある学校」の探究』大阪大学出版会
城山三郎（一九九七）『わしの眼には十年先が見える―大原孫三郎の生涯』新潮文庫
セイックラ、J．＆アーンキル、T．E．（高木俊介・岡田愛訳）（二〇一六）『オープンダイアローグ』日本評論社（2006）

滝沢克己（一九九二）『朝のことば』創言社
滝谷美佐保・滝谷紘一（二〇一二）『子どもを受け止めるとは―三人のわが子との日々とバクの会の活動―（教育講演会講演録）』水谷公民館
中央教育審議会（二〇一九）『新しい時代の教育に向けた持続可能な学校指導・運営体制の構築のための学校における働き方改革に関する総合的な方策について（答申）』
ツイアビ（岡崎照男訳）（一九八一）『パパラギ』立風書房（1979）
外山健太郎（松本裕訳）（二〇一六）『テクノロジーは貧困を救わない』みすず書房（2015）
中野剛志（二〇一九）『目からウロコが落ちる　奇跡の経済教室（基礎知識編）』ＫＫベストセラーズ
――（二〇一九）『全国民が読んだら歴史が変わる　奇跡の経済教室（戦略編）』ＫＫベストセラーズ
中村高康（二〇一八）『暴走する能力主義』ちくま新書
西野博之（二〇〇六）『居場所のちから』教育史料出版会
バウマン、Ｚ．（森田典正訳）（二〇〇一）『リキッド・モダニティ―液状化する近代』大月書店（2000）
ピケティ、Ｔ．（山形浩生・守岡桜・森本正史訳）（二〇一四）『二一世紀の資本』みすず書房（2013）
藤田英典（二〇〇五）『義務教育を問いなおす』ちくま新書
フレイザー、Ｎ．＆ホネット、Ａ．（加藤泰史監訳）（二〇一二）『再配分か承認か？』法政大学出版局（2003）
ベック、Ｕ．（一九九七）「政治の再創造―再帰的近代化論に向けて―」ベック、Ｕ．、ギデンズ、Ａ．、ラッシュ、Ｓ．（松尾精文・小幡正敏・叶堂隆三訳）（一九九七）『再帰的近代化』而立書房（1994）
――（東廉・伊藤美登里訳）（一九九八）『危険社会』法政大学出版局（1986）
松浦元男（二〇〇三）『先着順採用、会議自由参加で世界一の小企業をつくった』講談社

松嶋　健（二〇一四）『プシコ　ナウティカ』世界思想社
溝上慎一（二〇一四）『アクティブラーニングと教授学習パラダイムの転換』東信堂
ミュラー、J．Z．（松本裕訳）（二〇一九）『測りすぎ―なぜパフォーマンス評価は失敗するのか―』みすず書房（2018）
森岡正博（二〇〇三）『無痛文明論』トランスビュー
矢部宏治（二〇一四）『日本はなぜ、「基地」と「原発」を止められないのか』集英社インターナショナル
ランダル・レイ、L．（二〇一九）（島倉原監訳・鈴木正徳訳）『MMT現代貨幣理論入門』東洋経済新報社、
ヤング、J．（木下ちがや・中村好孝・丸山真央訳）（二〇〇八）『後期近代の眩暈―排除から過剰包摂へ―』青土社（2007）
ヤング、M．（窪田鎮夫・山元卯一郎訳）（一九八二）『メリトクラシー』至誠堂選書（1958）
吉野源三郎（一九八二）『君たちはどう生きるか』岩波文庫

著者

菊地　栄治（きくち えいじ）

早稲田大学教育・総合科学学術院教授。専門は、教育社会学・教育経営学。人間と社会の限界性を軸に据えつつ人々の相互的主体変容を起動させる〈多元的生成モデル〉というもうひとつの物語を理論化し、当事者とともに具体的な場づくりを試みている。著書に『希望をつむぐ高校』（単著、岩波書店、2012年）、編著に『持続可能な教育社会をつくる』（共編著、せせらぎ出版、2006年）、『深化する高校　深化する学び』（学事出版、2000年）、共著に『変容する世界と日本のオルタナティブ教育』（世織書房、2019年）、『学校のポリティクス』（岩波書店、2016年）、などがある。

越境ブックレットシリーズ　3

他人事≒自分事――教育と社会の根本課題を読み解く

2020年3月20日　初　版第1刷発行　〔検印省略〕
2022年4月15日　初　版第2刷発行

＊定価は表紙に表示してあります

著者 © 菊地栄治　発行者 下田勝司　印刷・製本　中央精版印刷

東京都文京区向丘 1-20-6　郵便振替 00110-6-37828
〒113-0023　TEL 03-3818-5521（代）　FAX 03-3818-5514
発行所 株式会社 東信堂

E-Mail tk203444@fsinet.or.jp　URL http://www.toshindo-pub.com/

Published by TOSHINDO PUBLISHING CO.,LTD.

1-20-6, Mukougaoka, Bunkyo-ku, Tokyo, 113-0023, Japan

ISBN978-4-7989-1631-6 C3037 Copyright©KIKUCHI, Eiji

まちづくりブックレット

1 自治会・町内会と都市内分権を考える　名和田　是彦　一〇〇〇円
2 宮崎市地域自治区住民主体のまちづくり　宮崎市地域振興部地域コミュニティ課 地域まちづくり推進室　一〇〇〇円
3 横浜の市民活動と地域自治　石井大一朗編著　一〇〇〇円
4 地元コミュニティの水を飲もう―ポストコロナ時代のまちづくりの構想　鳥　越　皓　之　一〇〇〇円
5 熟議するコミュニティ　伊　藤　雅　春　一〇〇〇円

コミュニティ政策叢書

1 日本コミュニティ政策の検証―自治体内分権と地域自治へ向けて　山崎仁朗編著　四六〇〇円
2 高齢者退職後生活の質的創造―アメリカ地域コミュニティの事例　加　藤　泰　子　三七〇〇円
3 原発災害と地元コミュニティ―福島県川内村奮闘記　鳥越皓之編著　三六〇〇円
4 自治体行政と地域コミュニティの関係性の変容と再構築―「平成大合併」は地域に何をもたらしたか　役重　眞喜子　四二〇〇円
5 さまよえる大都市・大阪―「都心回帰」とコミュニティ　鯵坂学・徳田剛・西村雄郎・丸山真央　編著　三八〇〇円
6 地域のガバナンスと自治―平等参加・伝統主義をめぐる宝塚市民活動の葛藤　田　中　義　岳　三四〇〇円
7 地域自治の比較社会学―日本とドイツ　山　崎　仁　朗　五四〇〇円
8 米国地域社会の特別目的下位自治体―生活基盤サービスの住民参加実際のガバナンス　前山　総一郎　三六〇〇円
9 住民自治と地域共同管理　中　田　実　三四〇〇円
10 自治体内分権と協議会―革新自治体・平成の大合併・コミュニティガバナンス　三　浦　哲　司　三二〇〇円

東信堂
〒113-0023　東京都文京区向丘 1-20-6　TEL 03-3818-5521　FAX03-3818-5514　振替 00110-6-37828
Email tk203444@fsinet.or.jp　URL:http://www.toshindo-pub.com/

※定価：表示価格（本体）＋税